원시 사회부터 통일 신라와 발해까지

한국사편지
1

한국사 편지

원시 사회부터 통일 신라와 발해까지

1

박은봉 지음

책과함께어린이

머리말

자신만만한 십대가 되려는 딸 세운이에게

네가 다섯 살 때였어. 매일 밤 잠자리에 누워 얘기를 들려주곤 했었지. 호동 왕자와 낙랑 공주, 바보 온달과 평강 공주, 연오랑과 세오녀, 신하에게 옷을 덮어 준 세종 대왕……. 그중에서 네가 가장 좋아했던 것은 호동 왕자와 낙랑 공주 얘기였어.

그때 엄마는 네가 좀 더 크면 좀 더 많은 이야기, 좀 더 깊이 있는 우리 역사 이야기를 해 주어야겠다고 마음먹었단다. 이제야 그 마음을 실천에 옮기게 되었구나.

《한국사 편지 1》은 네게 꼭 들려주고 싶었던 우리 역사 이야기야. 네가 앞으로 당당한 한국인으로 살아가려면 반드시 알아 두어야 할 내용이기도 해.

언젠가 물었지? 한국사 공부를 잘하려면 어떻게 해야 하냐고. 한국사든 세계사든 역사 공부를 잘하려면 많이 읽고, 깊이 느끼고, 스스로 생각할 줄 알아야 해. 역사책을 제아무리 많이 읽어도 사람 이름이나 사건 연대를 달달 외우는 식으로 읽으면 별 소용이 없어. 왜냐하면 스스로 느끼고 생각하는 과정이 빠졌기 때문이야.

　엄마는 이 책에서 수많은 질문을 던져 놓았어. 정답을 가르쳐 주지 않고 말야. 너 스스로 생각해 보고 판단해 보기를 바랐기 때문이야. 혼자 하기 힘들면 친구들과 같이 토론해 봐도 좋을 거야.

　어떤 사람들은 한국사는 세계사보다 왠지 재미없고 답답해서 싫다고 해. 또, 한국사든 세계사든 역사는 골치만 아프다고 하는 사람도 있어. 그런데 알고 보면 한국사만큼 우리에게 친근하고 흥미진진한 역사가 없단다. 또, 세계사는 내가 살고 있는 한국의 역사와 끊임없이 비교하고 관련성을 찾아가며 알 때가 훨씬 재미있고 유익해.

　이 책은 첫 번째 편지부터 차근차근 읽어 내려가도 좋고, 차례를 보고 읽고 싶은 내용부터 먼저 읽어도 좋도록 썼어. 사진과 그림을 풍성하게 준비해 두었으니 볼거리도 많고, 사진 설명을 읽다 보면 마치 답사 여행을 온 것 같은 기분이 들 거야.

　자신만만한 십대가 되고 싶어 하는 세운이와 또래 친구들에게 이 책이 조금이라도 도움이 되면 참 기쁘겠다.

2002년 여름
엄마가

차례

우리나라에는 언제부터 사람이 살았을까? 008
우리나라 구석기 시대 사람들은 어떻게 생겼을까? _ 023

신석기 시대 사람들은 어떻게 살았을까? 024
돌로 만든 도구들 _ 038

청동기 시대와 최초의 나라, 고조선 040
우리나라는 고인돌 천국 _ 052

고조선 사람들은 어떻게 살았을까? 054
고조선의 본래 이름은 조선이다 _ 069

고조선 다음에는 어떤 나라들이 있었을까? 070
제천 행사는 왜 지냈을까? _ 082

삼국과 가야의 건국 이야기 084
가야의 문화 _ 100

동북아시아를 주름잡은 파워 고구려 102
광개토 대왕릉비의 수수께끼 _ 114

세련된 문화의 나라, 백제 116
무왕과 선화 공주 _ 130

삼국 문화의 키워드, 불교 132
일본 아스카 문화에 영향을 미친 삼국의 문화 _ 144

삼국 시대 사람들은 어떻게 살았을까? 146
삼국 시대 사람들의 냉장고와 마실 거리 _ 160

신라는 어떻게 통일을 하였을까? 162
꽃처럼 아름다운 남자, 화랑 _ 179

골품의 나라, 신라 180
신라인의 노래, 향가 _ 193

신비의 나라, 발해 194
발해의 길 _ 207

- 찾아보기 _ 208
- 사진과 그림 제공, 출처 _ 214

우리나라에는 언제부터 사람이 살았을까?

기원전 70만 년경

동굴은 아늑하고 편안한 보금자리였어.
바쁜 하루가 지나고 해가 저물어 어둑해지면
동굴에 모여 앉아 맛있게 저녁 식사를 했을 거야.
그리고 구해 온 것을 다 같이 나눠 먹었어.
"이건 내가 구해 온 거니까 나 혼자 먹을 거야." 하지 않았어.
먹을 걸 구하기란 힘든 일이었기 때문에 다 같이 나눠 먹지 않으면
먹을 것을 구하지 못한 누군가는 굶어 죽게 돼.

기원전 8000년경
신석기 시대
흙으로 토기를 만들고, 농사짓기 시작

기원전 2300년경
고조선 건국
단군왕검의 건국 이야기

기원전 70만 년경
구석기 시대 돌로 도구를 만듦

"엄마, 우리나라에도 원시인이 살았어?"

"그럼, 살았고말고. 공룡도 살았는데. 지금도 경상남도 고성에 가면 공룡 발자국이 아주 많이 남아 있지."

어젯밤, 세운이랑 엄마는 원시인 얘길 하느라고 시간 가는 줄 몰랐지?

오늘은 어제 미처 못한 얘길 해 주마.

우리나라는 아주 일찍부터 사람이 살았던 곳이란다. 얼마나 '일찍'이냐고?

약 70만 년 전부터야. 그러니까 세운이 할머니의 할머니,

또 할머니의…… 까마득한 할머니 시절이지.

아, 그땐 공룡은 사라지고 없었어. 사람은 공룡이 완전히 멸종된 뒤에 태어났단다.

우린 지나간 과거를 책을 통해 알 수 있지? 그러나 원시 시대엔 책이 없었어.

그렇지만 책과 마찬가지로 우리에게 과거를 알려 주는 게 있단다. 바로 자연이야.

산, 바다, 강, 바위, 돌을 비롯한 자연은 살아 있는 책이란다.

깊은 동굴에 숨겨져 있는 유골과 유물들, 오래된 바위에 간직되어 있는 화석,

땅속에 파묻혀 있는 흔적들……. 오늘날 우리는 그런 것들을 통해서 과거를 알 수 있어.

자, 그럼 자연에 담긴 역사를 찾아 여행을 떠나 볼까?

기원전 1000년경
청동기 시대
청동검, 청동 거울 만듦

기원전 400년경
철기 시대
철제 무기, 철제 농기구 사용

기원전 37년경
고구려 건국
주몽, 졸본에 고구려 세움

427년
고구려
평양으로 수도 옮김

● 사람이 지구에 처음 나타난 때는 언제일까? 지금으로부터 약 400만 년 전이라고 해. 어떤 학자는 500만 년 전이라고도 하고, 또 어떤 학자는 700만 년 전이라고도 한단다. 이렇게 학자마다 의견이 다른 건, 원시 시대를 알 수 있는 자료를 찾아내 그걸 해석하기가 쉽지 않기 때문이야.

400만 년 전이면 상상이 잘 안 되는 옛날이지. 그렇지만 약 46억 살이나 되는 지구의 나이를 생각해 보렴. 사람의 탄생은 지구 역사에서 아주 최근에 일어난 사건이란다.

"최초의 사람은 어떻게 생겼을까?"

"원숭이!"

그래, 세운이 말마따나 최초의 사람은 오늘날과는 달리 원숭이와 비슷하게 생겼을 거야. 시간이 흐르면서 조금씩 조금씩 변해 오늘날과 같은 생김새가 되었지. 최초의 사람이 오늘날과 같은 사람이 되기까지는 아주 중요한 고비를 몇 번 넘어야 했어.

사람이 되는 첫걸음, 두 발로 서서 걷기

첫 번째 고비는 네 발로 걷다가 두 발로 서서 걷게 된 것이었어. 사람의 먼 조상은 처음엔 다른 동물들처럼 네 발로 걸었다고 해. 그런데 어떻게 해서 두 발로 서서 걷게 되었을까?

학자들은 여러 가지로 설명하고 있단다. 두 손을 자유롭게 쓰기 위해서라고도 하고, 네 발보다는 두 발로 걷는 것이 에너지를 훨씬 효과적으로 사용할 수 있었기 때문이라고도 해. 어느 설명이 맞든 간에, 분명한 건 환경에 적응하여 살아남는 데 네 발보다 두 발이 더 적당했다는 사실이란다.

너도 알다시피, 이들에게는 맹수처럼 강한 발톱도 없고 새처럼 쓸모 있는 날개도 없었어. 또, 특별히 힘이 세거나 덩치가 큰 것도 아니었고.

다른 동물에 비해 별다른 강점도 없어 보이는 이들이 굶어 죽거나 다른 동물의 먹잇감이 되지 않고 살아남으려면 뭔가가 필요하지 않았을까? 두 발로 우뚝 서서 걷기는 아마도 그런 필요에서 생긴 변화일 거야. 그리고 그것이 바로 사람이 되어 가는 결정적인 첫걸음이었단다.

오스트랄로피테쿠스 아파렌시스(루시) 복원 모형
아프리카에서 발견된 사람의 조상 화석을 복원해 놓은 것이야. 발견 당시 유행하던 비틀스의 노래 제목을 따서 '루시'라는 별명을 붙여주었어. 약 350만 년 전에 살았던 여성이란다. 오스트랄로피테쿠스는 '남쪽 원숭이'라는 뜻이고, 아파렌시스는 발견 장소인 아파르에서 따온 이름이야.
-한양대학교박물관

두 번째 고비, 불의 사용

또 하나 중요한 고비는 '불의 사용' 이었어. 불을 유익하게 쓸 줄 알면서부터 사람은 동물의 상태에서 완전히 벗어나게 되었지.

처음에는 불이 무섭기만 했을 거야. 깜깜한 밤중에 '번쩍' 하고 하늘을 가르는 번갯불과 '우르릉 쾅' 하는 천둥이 얼마나 겁났겠니? 순식간에 번져 오는 산불 앞에서 사람들은 그저 줄행랑치기

두 발로 서서 걷기
두 발로 서서 걸으면 두 손을 자유롭게 쓸 수 있었어. 두 발로 우뚝 서서 걷고 달리면서 먹을거리를 찾아다녔지.

구석기 시대 사람들의 생활
한 사람은 열심히 불을 피우고, 또 한 사람은
아주 진지한 표정으로 돌을 깨뜨려 석기를 만들고 있구나.
석기로 짐승 가죽을 벗기고 있는 사람도 있네.
동굴 밖에서 멀리 사냥 나갔던 사람들이
돌아오는 소리가 들려.
오늘 저녁엔 맛있는 고기를 먹을 수 있겠구나.

바빴을 거야.

그런데 말이다, 어느 날 무섭기만 하던 불이 따뜻하다는 걸 깨달았어. 무리 중에서 호기심이 많고 용감한 어떤 친구가 불이 붙은 나뭇가지를 조심스레 동굴로 가져왔을 거야. 추운 밤에 몸을 덥히려고 말야.

활비비
불을 피우는 데 쓰는 도구야. 아주 단단한 나무와 연한 나무를 오랫동안 서로 비비면 마찰열이 생겨 불이 붙어. 불을 사용하면서 사람들의 생활은 성큼 발전했단다. 불은 매우 고마운 것이었어. 잘못 사용하면 무서운 것이 될 수도 있고. 그래서 불을 관리하는 것은 아주 중요한 일이었지.

　불을 피워 놓으면 다른 동물들은 불이 무서워 가까이 접근하지 못했기 때문에 안심할 수 있는 점도 좋았어. 불이란 쓰기에 따라 참 괜찮은 것이라는 사실을 깨달았단다. 또, 불씨를 꺼뜨리지 않고 보관하는 방법을 생각해 냈어. 불씨가 꺼졌을 때 불을 피울 수 있는 방법도 알아냈지.

주먹도끼
구석기 시대 사람들이 가장 즐겨 쓴 만능 도구란다. 짐승의 고기를 자르거나 땅을 팔 때 아주 쓸모가 있었어.
−한양대학교문화재연구소

아, 그래. 그때껏 날로 먹던 고기를 불에 익혀 먹으면 기막히게 맛있다는 것도 알았단다. 소화도 더 잘되고 말이지. 이건 불에 타 죽은 짐승의 고기를 우연히 먹어 본 뒤에 깨달은 사실이었어. 그 뒤론 산불이 지나가고 나면 사냥을 나가곤 했지. 익은 고기를 찾으러 말야.

지금까지 발견된 유물과 유적에 따르면, 사람이 불을 쓰게 된 건 약 40~50만 년 전부터라고 해. 그러니 사람은 지구에 처음 등장하여 약 350만 년 동안은 다른 동물과 마찬가지로 사냥한 고기를 날로 먹고, 밤이면 칠흑 같은 어둠 속에서 추위에 덜덜 떨며 살았던 거야.

자유로워진 두 손

찌르개
주먹도끼보다 작고, 끝부분이 뾰족해. 자루를 달아 창으로 쓰기도 했어.

세 번째 중요한 고비는 '도구 만들기'였어. 두 발로 서서 걷게 된 사람들은 자유로워진 앞발, 아니 이젠 손이라고 해야겠구나, 두 손으로 도구를 만들어 썼어. 물론 원숭이도 도구를 쓸 줄 알아. 원숭이가 높은 데 있는 먹이를 따려고 막대기를 휘두르는 것을 너도 보았지? 하지만 원숭이는 목적에 맞게 도구를 만들지는 못한단다. 그런데 사람은 필요에 맞게 도구를 만들어 쓸 줄 알았어. 사람들은 땅바닥에 있는 돌멩이를 주워 그대로 사용하거나 돌을 쓰임에 맞게 적당히 깨뜨려서 사용했어. 그러다가 나중에는 돌을 갈아서 도구를 만들게 되었단다. 이렇게 돌로 도구를 만들어 쓰던 시대를 '석기 시대'라고 해.

석기 시대는 크게 구석기 시대와 신석기 시대로 나눌 수 있어. 그럼 먼저 구석기 시대에 대해서 알아볼까?

긁개 돌을 때려서 나온 돌 조각을 손질해서 만들어. 날카로워서 동물 가죽을 벗길 때 칼처럼 사용했지. ─국립청주박물관

찍개 큰 자갈돌의 한쪽 또는 양쪽을 떼어 내서 만든단다. 거친 나무껍질을 다듬는 데 썼어.
─한양대학교문화재연구소

구석기 시대
사람들의 집은 동굴

구석기 시대는 사람들이 도구를 처음 만들어 쓰기 시작한 때부터 약 1만 년 전까지 계속되었어. 사람들이 도구를 처음 만들어 쓴 건 약 250만 년 전이란다.

우리나라 평안남도 덕천 승리산 동굴과 평양 만달리, 상원 검은모루 동굴, 충청남도 공주 석장리, 경기도 연천 전곡리, 충청북도 단양 금굴 등은 바로 구석기 시대에 사람들이 살던 대표적인 장소야. 몇 십만 년 전, 그들이 살았던 곳에 오늘 우리가 살고 있는 거란다. 뭐? 기분이 묘하다고?

그런데 원시인한테 가장 어려운 문제가 뭐였을까?
"먹는 거."

맞아, 그랬을 거야. 세운인 원시인하고 마음이 통하는 모양이네.

지금은 가게나 시장에 가서 먹고 싶은 것을 맘대로

우리나라에는 언제부터 사람이 살았을까?

금굴
충청북도 단양에 있는 금굴이야. 원시인들이 살았던 동굴이지. 동굴 입구가 보이니? 겉으로 보면 작은 것 같지만 안으로 들어가면 꽤 널찍하단다. 길이도 80미터가 넘는 긴 동굴이야. 원시인들은 동굴 주변에서 먹을 것을 구했을 거야.

살 수 있지만, 그땐 어떻게 먹을 것을 구했을까?

구석기 시대 사람들은 자기네가 살고 있는 집 주변에서 먹을 것을 구했단다. 그들의 집은 동굴이었어. 아직 집 짓는 방법을 몰랐기 때문에 자연이 빚어 놓은 동굴에 들어가 거기서 살았어. 물론 몇 백만 년에 걸쳐서 모든 구석기 시대 사람들이 언제나 동굴에서 산 건 아니야. 물가나 언덕에서 살았던 경우도 있어. 그러나 대개는 동굴에서 살았기 때문에 구석기 시대 사람들의 집은 동굴이라고 하는 거란다.

몇 년 전에 엄마하고 충청북도 단양에 갔을 때 원시인이 살았던 동굴에 들어가 본 기억나니? 산 중턱에 있는 동굴이었는데 입구가 작아서 밖에서는 동굴이 있는지조차 알 수 없을 만큼 눈에 잘 띄지 않았어. 그런데 안으로 들어가 보니 꽤 널찍했지. 그리고 웅크리고 앉으니까 밖이 잘 보였고.

그 동굴에서 살았던 사람

구석기 시대 사람들의 사냥과 채집
사냥할 때는 여럿이 힘을 모았어. 남자들이 멀리까지 나가 사냥하는 동안 여자들은 집과 가까운 곳에서 채집을 했단다. 나무 열매를 따고, 땅속뿌리를 캐기도 했어.

들은 해가 떠오르면 주변 산을 돌아다니며 먹을 것을 찾았을 거야. 나무 열매, 풀, 땅속뿌리, 실개천에 사는 가재 등 먹을 수 있는 것이면 뭐든지 모아 들였지. 이를 어려운 말로 '채집'이라고 해.

*探集 캘채 모을집

그렇다고 채집이 아무렇게나 할 수 있는 일은 아니었어. 독버섯을 따거나 뱀한테 물리면 곤란하지 않니? 그래서 경험 많고 식물에 대해 잘 아는 사람이 중심이 되어 여러 명이 함께 다니며 채집을 했단다.

식물만 먹었냐고? 그건 아냐. 사냥한 짐승의 고기를 먹기도 했으니까. '그럼 맹수와 용감히 싸우는 전사였겠네.' 하고 생각할 테지만, 사람이 처음부터 그렇게 맹수와 맞서 싸운 건 아니었던 것 같아. 무기도 별 볼일 없고 힘도 약했으니까. 그보다는 다른 동물들이 먹다 남은 시체를 사냥감으로 삼았을 거야.

동굴곰의 위턱뼈(위)와 큰쌍코뿔이의 아래턱뼈(아래)
동굴곰과 큰쌍코뿔이는 좋은 사냥감이었나 봐. 하지만 멸종되어 오늘날에는 볼 수 없단다. 상원 검은모루 동굴과 덕천 승리산 동굴에서 각각 발견되었어.

실망했니? 그러나 차츰 화살 같은 무기를 만들어서 사냥을 하게 돼. 전에 박물관 가서 본 돌화살촉은 바로 사냥할 때 쓰던 거란다.

사냥해서 고기를 먹는 일은 자주 있는 일은 아니었지. 그만큼 사냥은 힘든 일이었어. 평소에는 채집으로 모은 나무 열매 따위를 먹었단다. 그래서 고기 먹는 날은 잔칫날이었을 거야. 특히 세운이 또래의 원시인 어린이들은 고기 먹는 날을 손꼽아 기다렸겠지. 뭐? 너도 고기 먹는 날을 기다린다고?

**모두 한자리에 모인
평등한 저녁 식사**

　　　　　　　　　　동굴은 아늑하고 편안한 보금자리였어. 바쁜 하루가 지나고 해가 저물어 어둑해지면 동굴에 모여 앉아 맛있게 저녁 식사를 했을 거야. 그리고 구해 온 것을 다 같이 나눠 먹었어. "이건 내가 구해 온 거니까 나 혼자 먹을 거야." 하지 않았어. 먹을 걸 구하기란 힘든 일이었기 때문에 다 같이 나눠 먹지 않으면 먹을 것을 구하지 못한 누군가는 굶어 죽게 돼.

　그런 일이 자꾸 생기면 한 동굴에 사는 사람들 전체의 힘이 약해지게 되어서 그 무리 전체가 살아남기 어렵게 되고 말거든. 그래서

❗ 도구로 나누는 시대 구분법

사람이 만들어 쓴 도구에는 여러 종류가 있어. 돌로 만든 것, 청동으로 만든 것, 철로 만든 것, 나무로 만든 것, 짐승 뼈로 만든 것 등등. 19세기에 덴마크 박물관장으로 있던 고고학자 톰센은 유물들을 어떻게 전시할까 고민하다가 도구를 만든 재료에 따라 석기 시대, 청동기 시대, 철기 시대라고 시대를 나누어서 전시했단다.
그 후 영국의 고고학자 러복이 석기 시대를 다시 둘로 나누어 오래된 쪽을 구석기 시대, 나중을 신석기 시대라 했어. 이런 구분법은 지금도 세계적으로 널리 쓰이고 있단다. 시대를 나누는 방법은 얼마든지 다양할 수 있어. 하지만 엄마 역시 이 구분법을 그대로 따를 생각이야. 더 좋은 방법을 알게 될 때까지는 말이야.

알타미라 동굴 벽화
붉은색과 검은색으로 그려진 들소들이 금방이라도 살아 움직일 것만 같아. 에스파냐 북부 산티야나델마르에 있는 알타미라 동굴에서 발견된 구석기 시대 벽화란다. 아버지를 따라 동굴 탐사를 갔던 소녀가 발견했어.

학자들은 구석기 시대 사람들은 평등한 공동체 생활을 했다고 말하고 있어.

어느새 아이들이 잠들고 나면 어른들은 동굴 앞에서 하늘을 올려다봤겠지. 쏟아질 듯 수많은 별이 박힌 하늘, 모양이 날마다 바뀌는 달…….

그때 사람들은 지금 사람들보다 자연과 훨씬 가까웠어. 자연과 가까운 마음은 예술을 낳는단다. 사람들은 동굴 벽이나 바위에 그림을 그리기도 하고, 동물 뼈에 멋진 조각을 새기기도 했어. 에스파냐의 알타미라 동굴 벽화나, 충청북도 제천 점말 동굴에서 나온 뼈에 새겨진 사람 얼굴은 그렇게 해서 탄생되었단다.

그림을 그리거나 조각을 할 때는 마음속으로 소원을 빌었어. '요번 사냥이 잘되었으면 좋겠다.'거나 '새로 이사할 동굴이 더 컸으면 좋겠다.' 하고 말이야.

구석기 시대 사람들은 한 동굴에서 오래 살 수 없었어. 동굴 근처에 있는 먹을 만한 것을 한동안 싹쓸이하다시피 했으니 먹을 것을 찾아 다른 곳으로 이사를 가야 했지. 그래서 구석기 시대 사람들은 이리저리 옮겨 다니며 살았단다.

그때도 가족이 있었을까? 아빠, 엄마, 동생, 이렇게 살았을까? 학자들마다 생각이 다르단다. 지금과 같은 가족은 없었고 수십 명이 한데 모여 살면서 정해진 부부 없이 태어난 아이들을 공동으로 길렀다는 의견이 있는가 하면, 그때 역시 부부와 그 사이에서 태어난 아이를 기본으로 하는 가족이 있었다는 의견이 있어. 어느 쪽이 맞을까? 세운이도 한번 생각해 보렴.

우리나라 구석기 시대 사람들은 어떻게 생겼을까?

우리나라에는 일찍부터 사람들이 살았단다. 여러 곳에서 구석기 시대 유물과 유적이 발견되었어.

구석기 시대 유적지에서는 사람 뼈가 발견되기도 한단다. 발견된 사람 뼈를 조심스레 맞춰 보면 살았을 때의 모습으로 되살릴 수가 있어. 구석기 시대 사람들의 얼굴을 한번 볼까?

어떠니? 요즘 우리나라 사람들과 비슷하니? 그러면 우리 민족의 조상은 구석기 시대 사람들일까? 그렇다는 의견도 있지만, 대체로 우리 민족의 조상은 신석기 시대 사람들이라고 해.

역포아이
평양 역포리에서 발굴되었단다.

● 구석기인 복원 모습

승리산인
평안남도 덕천군 승리산 동굴에서 발굴되었어.

만달인
평양 만달리에서 발굴되었어.

흥수아이
충청북도 청원 흥수굴에서 발굴되었어. -충북대학교박물관

| 구석기인 뼈가 발굴된 곳 |

덕천 승리산 동굴
평양 역포리
평양 만달리
청원 흥수굴

신석기 시대 사람들은 어떻게 살았을까?

기원전 8000년경

신석기 시대 어린이와 세운이가 아이큐 검사를 한다면 누가 더 높을까?
'크윽!' 자존심이 상한다고?
신석기 시대 사람들은 요즘 사람들보다 결코 지능이 떨어지지 않았단다.
뇌의 크기도 현대인과 거의 같았다고 해.
그래서 학자들은 요즘 사람들의 아이큐가 더 높다고 장담할 수 없다고 말해.

기원전 70만 년경
구석기 시대
돌로 도구를 만듦

기원전 8000년경
신석기 시대
흙으로 토기를 만들고, 농사짓기 시작

기원전 2300년경
고조선 건국
단군왕검의 건국 이야기

　　　　1만 년 전쯤의 일이야. 지구의 자연환경이 크게 변했단다.
　　　추운 빙하기가 끝나고 날씨가 따뜻해졌어.

북쪽의 얼음이 녹아내리면서 강물과 바닷물이 불어났지.

그 바람에 낮은 곳에 있던 땅이 물에 잠겨 버렸어. 우리나라는 중국과 일본하고 붙은

거대한 땅덩어리였는데, 물이 불어서 지금의 황해와 대한 해협이 생겨나

오늘날의 한반도가 되었단다. 사람들은 새로운 환경에 적응해 나갔어.

그리고 수백만 년 동안 쌓여 온 사람들의 지혜가 빛을 발했단다.

사람들은 더 편리하고 쓰임새 많은 도구를 만들어 냈어.

전에는 돌멩이를 그냥 깨뜨려 쓰기만 했는데,

이제는 쓰임새에 맞고 모양도 세련되게 갈아 만들었지.

이렇게 갈아서 만든 석기를 간석기라고 한단다.

또, 먹을 것을 보관해 둘 그릇도 만들었어. 흙으로 만든 이 그릇을 토기라고 해.

이렇게 간석기와 토기를 만들어 쓰던 때가 바로 신석기 시대란다.

우리나라의 신석기 시대는 기원전 8000년 무렵에 시작되었다고 해.

그럼, 신석기 시대 사람들은 어떻게 살았는지 좀 더 살펴볼까?

기원전 1000년경
청동기 시대
청동검, 청동 거울 만듦

기원전 400년경
철기 시대
철제 무기, 철제 농기구 사용

기원전 37년경
고구려 건국
주몽, 졸본에 고구려 세움

427년
고구려
평양으로 수도 옮김

● 신석기 시대 어린이와 세운이가 아이큐 검사를 한다면 누가 더 높을까? '크윽!' 자존심이 상한다고?

신석기 시대 사람들은 요즘 사람들보다 결코 지능이 떨어지지 않았단다. 뇌의 크기도 현대인과 거의 같았다고 해. 그래서 학자들은 요즘 사람들의 아이큐가 더 높다고 장담할 수 없다고 말해. 원시인이라고 함부로 깔보면 큰코다쳐.

강가나 바닷가에 산 신석기 시대 사람들

한강 근처에 있는 암사동에 가 보았니? 그곳에는 신석기 시대 마을 터가 있어. 신석기 시대 사람들은 마을을 이루고 살았단다. 마을은 대개 강가나 바닷가, 섬 같은 물가에 자리 잡았어.

그물추와 낚싯바늘
돌로 만든 그물추를 그물에 매달면 물속에서 그물이 중심을 잘 잡을 수 있어서 매우 편리해. 맨 위의 사진은 그물추를 매단 그물을 복원한 거야. 낚싯바늘은 주로 동물 뼈로 만들었단다.

—국립광주박물관

—국립중앙박물관

| 우리나라 신석기 유적지 |

백두산
동해
황해

물은 식량의 보물 창고였단다. 기후 변화와 함께 찾아온 물고기와 조개는 영양 많고 맛있는 먹을거리였지. 그런데 물고기를 잡으려면 뭔가 적당한 도구가 필요하지 않겠니? 그래서 사람들은 작살과 낚시, 그물을 발명해 냈어.

신석기 시대 어린이들은 생선과 조개구이를 실컷 먹었어. 어떤 생선이냐고? 부산 동삼동 조개무지에서 발견된 물고기 뼈와 비늘 따위를 보면 도미, 삼치, 상어, 성게 등을 많이 먹었다는 것을 알 수 있어. 굴, 전복, 소라, 우렁이도 즐겨 먹었고.

따뜻한 날씨와 풍부한 물 덕분에 숲 속에는 전에 없던 식물들이 자라났어. 물속에서 헤엄치는 물고기들은 잡아도 잡아도 끝이 없을 만큼 넘쳐났지. 전보다 먹을 것도 많아지고, 참 살기 수월해졌지.

신석기 시대 사람들의 밥상은 구석기 시대에 견주면 매우 풍성해졌어. 물고기, 조개, 사냥해 온 사슴고기, 갖가지 나무 열매와 풀들…….

가락바퀴
가운데의 둥근 구멍에 막대를 끼우고 실을 감아 회전시키면 실이 늘어지면서 꼬인단다.

-국립부여박물관

그리고 조금 있다 얘기하겠지만, 신석기 시대 사람들은 처음으로 농사를 짓기 시작했거든. 그래서 농사지은 곡식도 먹었어. 아마 신석기 시대 사람들의 영양 상태는 구석기 시대 사람들보다 훨씬 좋았을 거야.

요리 방법과 도구도 발달했어. 신석기 시대 사람들은 토기에 물과 곡물 가루를 넣고 끓여서 맛있는 죽을 만들어 먹었단다. 또, 떡 비슷한 것을 만들어 먹기도 했다는구나.

　토기는 곡식을 저장하는 데 쓰기도 하고 요리할 때도 썼어. 신석기 시대의 대표적인 토기는 빗살무늬 토기야. 그런데 밑이 뾰족한 이 토기를 도대체 어떻게 사용했을까 궁금하지? 땅에 파묻어 사용하거나 요즘 가게에서 수박 사 올 때 쓰는 망태 같은 것을 만들어 들고 다녔다고도 해.

　구석기 시대 사람들은 주로 동물 가죽으로 만든 가죽옷을 입었어. 그런데 신석기 시대 사람들은 식물에서 실을 뽑아 옷감을 짰단다.

　삼이라는 식물에서 실을 뽑았어. 삼의 겉껍질을 벗겨 내고 하얀 속껍질을 가늘게 쪼갠 다음, 가락바퀴로 꼬아 길게 연결하면 삼실이 돼. 이렇게 삼실로 옷감을 짜서 뼈로 만든 바늘로 바느질을 하면 근사한 삼베 원피스를 비롯해 뭐든 만들어 입을 수 있었어.

　그뿐인 줄 아니? 조개껍데기로 만든 팔찌, 목걸이, 동물의 송곳니로 만든 발찌로 한껏 멋을 부렸지. 여자만이 아니라 남자도 발찌, 목걸이를 했어. 그건 행운을 비는 마스코트이기도 했단다. 아마도 팔찌나 발찌를 차고 사냥을 나가면서 '더 많은 사냥감을 얻게 해 주세요!' 하고 빌었을 거야.

　신석기 시대 사람들은 고래도 잡았단다. 울산시 울주군에 가면 반구대라는 커다란 바위가 있는데, 그 바위에는 원시

*土 흙토
器 그릇기

빗살무늬 토기
빗살무늬 토기는 그릇에 새겨진 무늬에서 따온 이름이야. 토기에 무늬를 왜 새겼을까? 예쁘게 보이기 위해서라고도 하고, 그릇을 빚은 뒤 불에 구울 때 갈라지거나 깨지는 것을 막기 위해서라고도 해.
—국립중앙박물관

울산 반구대 바위그림(복원품)
반구대는 가로 길이가 8미터, 높이가 2미터쯤 되는 거대한 바위야. 무엇이 그려져 있는지 볼까? 고래, 거북, 개, 사슴, 멧돼지, 그물이나 울타리에 갇혀 있는 짐승, 여러 사람이 탄 배, 사람 얼굴도 있어. 이 바위그림은 신석기 시대에 만들었다고도 하고 청동기 시대에 만들었다고도 해. 어쨌든 오랜 세월에 걸쳐 만들어진 게 분명하단다.
—국립경주박물관

인들이 그려 놓은 그림으로 빼곡해. 거북, 사슴, 멧돼지, 사냥꾼과 함께, 놀랍게도 고래가 잔뜩 그려져 있어. 고래잡이 배 같은 그림도 있고.

반구대 근처에 사는 사람들은 아마 배를 타고 지금의 태화강을 따라 내려가 고래를 잡았던 모양이야. 바위그림을 보면 당시 고래잡이 용사들의 힘찬 노랫소리가 들리는 것 같구나.

여러 가지 장식품
조개껍데기로 만든 팔찌, 동물 이빨로 만든 목걸이, 발찌 등 장식품이야. 사람 얼굴 모양의 조개껍데기도 있구나.
—국립중앙박물관

움집을 짓다

신석기 시대 사람들은 집을 지을 줄 알았어. 구석기 시대 사람들처럼 천연의 동굴을 집으로 삼은 것이 아니라 직접 집을 지었단다.

땅을 파고 단단한 나무로 기둥과 서까래를 세운 다음 짚이나 풀을 얹어 지붕을 만들었지. 요즘으로 말하면 반지하 집인 셈이야. 추운 날 지하실에 들어가 보렴. 바깥보다 훨씬 따뜻하단다. 더운 여름엔 오히려 바깥보다 시원하고. 바로 이런 원리를 이용한 거야. 신석기 시대 사람들에겐 천연 냉난방 시설이었던 셈이지.

이런 집을 움집이라고 해. 움집은 밖에서 보면 커다란 고깔 모양이야. 움집 안으로 들어가면 가운데쯤에 불을 피우는 화덕이 있어. 여기서 요리를 했지. 불을 피우면 난방 효과도 있었을 거야.

돌화살촉(복원품)
사냥할 때 쓰는 도구야. 신석기 시대에도 구석기 시대처럼 사냥을 계속했어. —국립제주박물관

암사동 선사주거지의 움집
서울 암사동 선사주거지는 신석기 시대에 사람들이 살던 곳이야. 당시 사람들이 살았던 움집을 그대로 되살려 놓았어. 신석기 시대 사람들은 주로 물가에서 살았단다. 이곳 가까이에는 한강이 흐르고 있어.

신석기인 집터
강원도 양양 오산리에 있는 움집터란다. 한가운데 화덕 자리가 있구나.

입구 근처에는 돌칼, 돌도끼, 화살 같은 도구를 두었어. 그래야 일하러 갈 때나 사냥하러 갈 때 쉽게 들고 나갈 수 있었을 테니까. 안쪽에는 식량을 보관하는 토기를 두었지. 움집 하나에는 4~5명 정도가 살았다고 해. 아빠, 엄마, 아이들로 이루어진 요즘과 비슷한 가족이야. 작지만 아늑한 단칸방 움집에서 오순도순 살았을 거야.

움집에서 살기
엄마는 화덕에 불을 피우고
아빠는 사냥감을 요리할 채비를 하고 있어.
구석에서 아이는 돌로 무기 만드는 연습을 하나 봐.
아마도 다음번 사냥에는 직접 만든 무기를 갖고
아빠를 따라 나설 모양이지.
문밖으로 멀리 움집을 짓고 있는 모습이 보이는구나.

처음으로 농사를 짓다

신석기 시대 사람들이 했던 일 가운데 가장 위대한 것은 뭐니 뭐니 해도 농사란다. 채집, 사냥, 물고기 잡이가 자연이 만들어 놓은 먹을거리를 가져오는 것이라면, 농사는 사람이 자연에 힘을 가해서 먹을 것을 생산해 내는 거야.

어떻게 해서 농사를 짓게 되었냐고? 먹다 버린 식물의 씨에서 싹이 트고 자라나 열매를 맺는 것을 본 어떤 친구가 무릎을 '탁' 치며 깨닫지 않았을까? '아하, 그렇구나. 씨를 심으면 식량을 얻을 수 있겠구나.' 하고 말야.

지구상에서 농사짓기가 처음 시작된 건 약 1만 년 전이라고 해. 우리나라에서도 비슷한 때에 농사짓기가 시작되었을 거야.

몇 백만 년 동안 나무 열매를 따 먹거나 사냥으로 얻은 고기를 먹으며 살아온 사람들이 왜 농사를 짓기 시작했는가에 대해서는 한 마디로 말하기 어려워. 날씨가 따뜻해져서 동물들이 다른 곳으로 이동하는 바람에 먹을 것이 부족해진 사람들이 새로운 환경에 적응하다 보니 농사를 짓게 되었다고도 해. 또, 인구가 늘어나서 예전의 방법으로는 살아갈 수 없게 되어 좁은 땅에서 많은 식량을 얻을 수 있고 노력한 만큼 확실한 대가를 거둘 수 있는 농사를 짓게 되었다고도 해.

농사짓기는 인류 역사를 크게 변화

돌보습
긴 막대기에 매달아서 흙을 뒤엎는 데 썼단다.
—한양대학교박물관

뿔괭이
갈라진 모양의 짐승 뿔로 만들었어. 잡초를 걷어 내거나 씨앗 심을 구멍을 팔 때 썼지.

농사짓기
돌보습으로 흙을 뒤엎고
뿔괭이로 씨앗 심을 구멍을 파고 있구나.
처음에는 피, 조, 기장, 수수 같은 것을 심었어.
벼농사를 짓게 된 건 훨씬 나중의 일이야.
그러니까 신석기 시대 어린이들 대부분은
쌀밥을 먹어 보지 못했을 거야.

시켰단다. 이제 사람들은 먹을 것을 찾아 떠돌 필요가 없어졌어. 뿌린 씨가 자라 열매를 맺기까지 돌보려면 한곳에 눌러살아야 하니까. 이것을 어려운 말로 정착 생활이라고 한단다.

신석기 시대 사람들은 농사와 함께 목축을 시작했어. 목축이 뭐냐고? 사냥한 동물을 죽이지 않고 울타리 안에 가둬 기르는 거야. 그리고 필요할 때 잡아먹거나, 길들여서 사냥이나 짐을 운반하는 데 쓰는 거지.

사람이 기른 최초의 동물이 뭔 줄 아니? 개였어. 개는 사냥할 때 가장 앞서 달려가 사냥감을 쫓는 일등 공신이 되었단다. 다음에는 돼지였어. 농사일에 많이 쓰이는 소를 기른 건 훨씬 나중의 일이란다.

*定 정할 정
着 붙을 착

암사동 선사주거지 기념관
신석기 시대 사람들의 생활 모습을 복원해 놓았어. 움집 밖에서 사람들이 열심히 일하고 있어. 귀여운 강아지, 보이니?

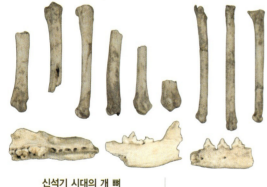

신석기 시대의 개 뼈
황해의 섬 대연평도에서 발견된 약 6000년 전의 개 뼈란다. 머리뼈, 턱뼈, 등뼈 등 한 마리 전체가 발견되었어. 신석기 시대 사람들이 개를 길렀다는 것을 알 수 있지.
—국립문화재연구소

불평등이 생겨나다

구석기 시대와 마찬가지로 신석기 시대도 평등한 사회였어. 그런데 중요한 변화가 시작되었지. 그건 평등하던 사람들 사이가 변하게 된 거야. 처음 농사짓기를 시작했을 때는 수확도 그리 많지 않고 또 여럿이 힘을 모아 농사를 지어야 했기 때문에 온 마을 사람들이 같이 일하고 얻은 식량을 평등하게 나눠 먹었지. 그런데 시간이 흘러 농사 기술과 도구가 차츰 발달하면서 식량이 충분해졌어. 예전처럼 마을 전체가 매달리지 않고 가족끼리 일해도 먹고 남게 된 거야. 이렇게 먹고 남은 식량이 자꾸만 쌓여 갔단다.

이제 남아도는 식량을 누가 어떻게 관리하느냐 하는 것이 새로운 문제로 등장했어. 먹고 남은 식량은 더 이상 마을 전체의 공동 소유가 되지 못하고, 점차 한 가족 또는 한 사람의 소유가 되었단다. 그 결과 마을 안에 부자와 가난한 자가 생기고, 신분이나 지위의 차이가 생기기 시작했어. 사람과 사람 사이의 관계에 불평등이 생긴 거란다.

❗ 신석기 시대의 농업 혁명

농사짓기와 함께 시작된 모든 변화를 통틀어 '농업 혁명'이라고 해. 요즘 사람들은 정보 혁명 시대에 살고 있다고 하지? 컴퓨터가 일으킨 새로운 변화를 통틀어 정보 혁명이라고 하는 것처럼, 당시 사람들의 생활을 크게 바꿔 놓은 변화를 농업 혁명이라고 한단다.

아, 그런데 명심할 게 있어. 혁명이라고 해서 단번에 일어난 게 아니라는 사실이야. '이제부터 채집이나 사냥은 그만! 농사 시작!' 이렇게 된 게 아니라는 말이지. 농사를 지으면서도 오랫동안 채집이나 사냥, 물고기 잡이는 계속되었어. 변화는 아주 천천히 조금씩 일어났단다.

갈돌과 갈판
도토리처럼 껍질이 단단한 나무 열매를 갈아서 껍질을 벗기는 데 썼어. 농사를 지으면서부터는 거둬들인 곡식의 껍질을 벗기는 데 썼지.
—국립춘천박물관

돌로 만든 도구들

아주 먼 옛날, 사람들이 돌로 도구를 만들어 쓰던 시대를 '석기 시대'라 한다고 했지? 돌을 깨뜨려 만든 석기를 뗀석기라고 하고, 돌을 갈아서 매끈하게 만든 석기는 간석기라고 한다는 것도 기억나니? 석기 시대 사람들이 처음에는 뗀석기를 사용하다가 차츰 간석기를 만들게 된 것은 생활의 지혜가 쌓인 결과란다. 거칠고 투박한 뗀석기가 쓰기 불편하다고 생각한 사람들은 부드럽고 매끈한 다른 돌에 뗀석기를 갈기 시작했어. 그러면서 쓰임새에 맞게 더 날카롭게 하거나, 사용하기에 편리하도록 다듬었지. 뗀석기에서 간석기로의 변화는 단순한 도구의 발달이 아니라 구석기 시대에서 신석기 시대로의 변화를 뜻한단다.
그럼, 석기 시대 사람들이 어떻게 석기를 만들었는지 살펴보자.

여러 가지 뗀석기
-한양대학교문화재연구소

여러 가지 간석기
-국립중앙박물관

● 뗀석기 만드는 방법

모루떼기
돌감으로 큰돌(모루)을 내리쳐서 떼어 낸 돌조각을 그대로 쓴단다.

직접떼기
양손에 각각 돌감과 망칫돌을 쥐고 망칫돌로 돌감을 직접 때려서 만들어.

간접떼기
망칫돌로 직접 돌감을 때리지 않고, 뼈나 뿔로 돌감을 간접적으로 때려 만들어.

눌러떼기
망칫돌보다 작고 날카로운 도구를 써서 돌감에 압력을 주어 만든단다.

● 간석기 만드는 방법

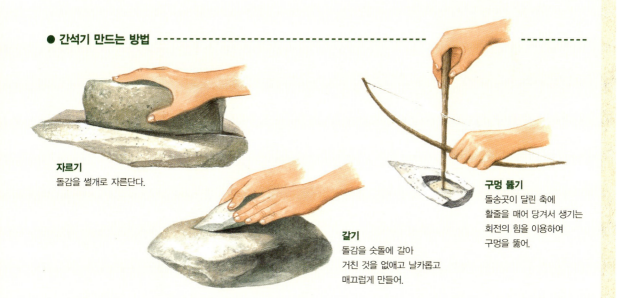

자르기
돌감을 썰개로 자른단다.

갈기
돌감을 숫돌에 갈아 거친 것을 없애고 날카롭고 매끄럽게 만들어.

구멍 뚫기
돌송곳이 달린 축에 활줄을 매어 당겨서 생기는 회전의 힘을 이용하여 구멍을 뚫어.

청동기 시대와 최초의 나라, 고조선

기원전 2300년경

세운아, 참을성 많은 곰이 여자로 변해서 환인의 아들 환웅과 결혼하여 단군왕검을 낳았고, 그 단군왕검이 세운 나라가 고조선이라는 얘길 들어 보았지?
"그런데 어떻게 곰이 사람으로 변할 수 있어? 말도 안 돼. 꾸며 낸 이야기 아냐?"
세운이는 대뜸 이렇게 반박할 거야. 물론 글자 그대로만 보면 믿을 수 없는 이야기지. 그런데 단군왕검 이야기는 글자 그대로가 아니라 그에 담겨 있는 뜻을 새겨 봐야 하는 이야기란다.

기원전 70만 년경
구석기 시대
돌로 도구를 만듦

기원전 8000년경
신석기 시대
흙으로 토기를 만들고, 농사짓기 시작

기원전 2300년경
고조선 건국
단군왕검의 건국 이야기

세운이는 요즘 '제국의 시대'라는 게임에 푹 빠져 있더구나.

엄마도 네 어깨너머로 들여다보았는데 참 재미있더라. 숲 속 작은 마을,

볼품없는 초가집에서 살던 사람들이 땅을 넓히고 식량을 모으고 힘을 길러

이웃 마을과 끊임없이 전쟁을 하면서 영토를 넓히고 국가를 건설하는 내용이었어.

그런데 그와 비슷한 일이 실제로도 일어났단다.

기원전 3000년쯤 되면 지구 곳곳에는 사람들이 세운 문명이 발달하게 돼.

대개는 농사짓기에 좋은 큰 강이 흐르는 곳에서 문명이 발달했어.

세계 4대 고대 문명이 대표적이지.

이들 문명 지역에서는 도시가 들어서고, 문자가 만들어지고,

국가가 생겨나 왕이라는 지배자가 다스리게 되었어.

우리나라에서도 이 무렵 비슷한 일이 벌어지지 않았을까?

오랜 시간에 걸쳐 농사를 짓고 정착 생활을 하면서 조금씩 생활을 발달시켜 온 사람들이

언제부턴가 나라를 세울 준비를 착착 하지 않았을까?

우리 조상이 세운 최초의 나라는 고조선이란다.

오늘은 고조선이라는 나라가 어떻게 세워졌는지 알아보자.

기원전 1000년경
청동기 시대
● 청동검, 청동 거울 만듦

기원전 400년경
철기 시대
● 철제 무기, 철제 농기구 사용

기원전 37년경
고구려 건국
● 주몽, 졸본에 고구려 세움

427년
고구려
● 평양으로 수도 옮김

● 신석기 시대가 끝날 무렵부터 남아도는 식량을 둘러싸고 많이 가진 자와 그렇지 못한 자 사이에 조금씩 차별이 생겨났다고 했지? 사람이 지구에 등장한 이래 몇 백만 년 동안 계속되어 온 평등한 공동체가 위기를 맞게 된 거야.

이 위기는 강력한 힘을 가진 지배자를 낳았어. 싸움을 잘하든지 지혜가 남달리 뛰어나 남들의 존경을 받거나 재산이 많은 사람이 지배자가 되어 나머지 사람들을 다스렸단다.

지배자는 마을 사람들을 이끌고 이웃 마을과 전쟁을 벌였어. 전쟁의 이유는 여러 가지였어. 이웃 마을에 있는 귀한 재물을 뺏거나 농사짓기에 좋

강화도 부근리에 있는 고인돌
고인돌은 청동기 시대를 대표하는 무덤이야. 강화도에는 고인돌이 150여 기나 있어. 특히 부근리 고인돌은 어른 키보다도 크단다. 이렇게 큰 고인돌을 어떻게 만들었을까?

청동기 시대와 최초의 나라, 고조선
043

청동검
청동검은 초기의 것은 비파 모양이라서 비파형 동검(위)이라고 해. 만주 요령 지방에서 많이 발견되었어. 후기에는 세형 동검(옆)을 만들어 썼지. 세형 동검은 한반도에서만 발견된단다. —국립부여박물관
—국립중앙박물관

청동검 거푸집
거푸집은 쇳물을 부어 원하는 물건을 만들어 내는 틀이야. 똑같은 모양의 청동검을 여러 개 만들어 낼 수 있게 해 주는 편리한 도구지. 거푸집은 주로 돌로 만들었단다. —국립부여박물관

은 땅을 차지하기 위해서였단다. 또, 전쟁에서 진 마을 사람들을 데려다 노예로 삼아 일을 시키면 그만큼 이긴 마을은 부유해지기 때문에 전쟁을 일으키기도 했어.

청동기는 핵폭탄

전쟁에 나갈 때면 지배자는 청동으로 만든 무기를 들었어. 구리에 주석을 섞어 만든 청동검은 돌로 만든 검과는 비교할 수 없을 만큼 단단하고 날카롭고 또 멋있었단다. 이런 청동기는 지배자의 막강한 힘을 상징했어. 그래서 어떤 학자는 말한단다. 당시에 청동기를 갖고 있는 것은 오늘날 핵을 보유한 강대국과 같다고 말야.

석기에서 청동기로의 변화는 아무리 생각해도 놀라운 기적 같아. 아마 화산이 폭발할 때 바위가 이글이글 녹아내리다가 식으면 단단히 굳는 것을 보고 어떤 천재가 청동기를 만들 생각을 해냈는지도 몰라.

산에서 캔 구리와 주석을 센 불로 녹여 펄펄 끓는 쇳물을 만든 다음, 거푸집에 부어 도구를 만드는 청동기 제작 기술은 석기와는 비교도 할 수 없을 만큼 까다롭고 복잡했어. 그래서 당시에는 청동기 제작 기술자가 따로 있었지.

이렇게 청동기를 만들어 쓴 때를 청동기 시대라고 부르

● 청동기 만드는 대장간

구리와 주석을 도가니에 넣고 센 불로 녹여서 쇳물을 만들어.

쇳물을 거푸집에 붓는단다. 뜨거우니까 조심해야 해.

식으면 꺼내서 곱게 다듬어.

드디어 다 만들어졌네.

청동 거울과 청동 방울을 지닌 지배자
제사 때가 되면 시배사는 청동 거울과 청동 방울을 지니고 사람들 앞에 나섰단다. 청동 거울에 햇빛이 반사되면 지배자는 마치 눈부신 태양처럼 보였을 거야. —국립전주박물관

는데, 우리나라에서는 기원전 10세기 무렵부터 청동기 시대가 시작되었다고 해.

　청동기 시대라 해서 농기구까지 청동으로 만들었다고 생각하면 곤란해. 농기구는 여전히 돌로 만들었단다. 청동으로는 무기, 제사용 기구, 거울이나 방울, 단추, 가락지 같은 장신구를 만들었어. 끌이나 송곳은 단단하고 날카로워야 하기 때문에 청동으로 만들었지.

　청동 거울은 본래 얼굴을 비춰 보기 위한 것이 아니라 지배자의 장신구였어. 지배자는 청동 거울을 목에 걸고 청동검과 방울을 지니고서 사람들을 모아 놓고 제사를 드렸단다. 거울의 둥근 모양은 해를 뜻해. 청동 거울로 햇빛을 반사시키면 거울을 가진 사람이 마치 빛나는 해처럼 우러러보였을 거야. 청동 거울은 지배자를 하늘의 빛나는 해와 같은 존재로 만들어 주었던 거지.

—국립중앙박물관

청동 방울과 청동 거울
청동으로 만든 방울과 거울은 지배자의 장신구면서 제사용 도구였어.

—국립부여박물관

청동기 시대에 들어 처음으로 국가가 탄생했어. 《삼국유사》에 실려 있는 단군왕검 이야기는 청동기 시대를 배경으로 하고 있단다. 자, 그럼 우리 조상이 세운 최초의 국가, 고조선으로 가 볼까?

톱니날 도끼
청동기 시대의 돌도끼란다. 실생활에서 사용하기보다는 제사 같은 의식을 지낼 때 막대기 끝에 꽂아서 지배자의 지휘용으로 사용했다고 생각돼.

최초의 나라, 고조선

세운아, 참을성 많은 곰이 여자로 변해서 환인의 아들 환웅과 결혼하여 단군왕검을 낳았고, 그 단군왕검이 세운 나라가 고조선이라는 얘길 들어 보았지?

"그런데 어떻게 곰이 사람으로 변할 수 있어? 말도 안 돼. 꾸며 낸 이야기 아냐?"

세운이는 대뜸 이렇게 반박할 거야. 물론 글자 그대로만 보면 믿을 수 없는 이야기지. 그런데 단군왕검 이야기는 글자 그대로가 아니라 그에 담겨 있는 뜻을 새겨 봐야 하는 이야기란다.

세계 여러 나라, 여러 민족은 저마다 자기 나라를 세운 조상에 대한 신비한 전설을 갖고 있어. 하늘에서 내려왔다든지, 신의 후손이라든지……. 이것을 '건국 신화'라고 해. 로마의 건국 신화를 보면, 로마를 세운 로물루스와 레무스는 전쟁의 신 마르스의 쌍둥이로 태어났는데, 강가에 버려진 것을 늑대가 데려다 젖을 먹여 키웠다고 해.

신화를 글자 그대로 믿기는 어렵지만, 신화에는 그것을 고이 간

로물루스와 레무스
로마 건국 신화의 주인공 로물루스와 레무스는 늑대의 젖을 먹고 자랐다는구나.

직해 온 사람들의 생각과 감정이 숨어 있어. 그 신비한 이야기 속에 숨어 있는 사실과 뜻을 찾아내는 것이 역사 공부란다. 다른 나라, 다른 민족의 건국 신화와 마찬가지로 단군왕검 이야기에는 우리 조상들의 생활 모습과 생각, 감정이 깃들어 있어. 그걸 캐 보자.

단군왕검 이야기에 담긴 뜻

단군왕검의 건국 이야기는 오랜 시간에 걸쳐 입에서 입으로 전해 내려오다가 내용이 조금씩 덧붙여지기도 하고 바뀌기도 하면서 지금의 모습을 갖추게 되었어.

이 이야기는 고조선이 세워진 당시 사람들의 생활을 알게 해 준단다. 바람, 비, 구름은 농사에 커다란 영향을 미치는 자연 현상이지? 환웅이 바람, 비, 구름을 다스리는 신하를 거느렸다는 건 당시 사람들이 농사를 매우 중요하게 여겼다는 것을 말해 주고 있어.

또, 환웅이 하늘에서 내려왔다는 것은 그가 새로 나타난 지배자이거나, 새로 나타난 지배 집단의 대표자라는 뜻이야. 다른 곳에서 이주해 온 집단을 '하늘'이나 '남자'로 표현하고, 원래 그 지역에서 살고 있던 집단을 '땅'이나 '여자'로 표현하는 것은 흔한 일이란다. 그리스 신화에서도 제우스는 서북

《삼국유사》
1281년경 고려 때 일연 스님이 쓴 역사책이야. 오늘날 남아 있는 역사책 중에서 단군왕검 이야기가 실려 있는 가장 오래된 책이란다.

쪽에서 이주해 온 집단의 신이고, 그 아내 헤라는 원래 그 지역에서 살고 있던 집단의 신이야.

웅녀와 환웅의 결혼은 집단과 집단의 결합을 뜻해. 호랑이는 참지 못하고 뛰쳐나가 버리고 곰은 끈기 있게 버틴 끝에 여자가 되어 환웅과 결혼했다는 것은, 곰을 섬기는 집단은 환웅 집단과 결합했지만 호랑이를 섬기는 집단은 떨어져 나간 것을 뜻해.

집단과 집단의 결합은 쉽지 않았을 거야. 마늘과 쑥을 먹으며 햇

> ### ❗ 단군왕검의 고조선 건국 이야기
>
> "옛날에 환인의 아들 환웅이 인간 세상을 다스리고자 했다. 아버지가 아들의 뜻을 알고 태백산을 내려다보니, 널리 인간 세상을 이롭게 할 만했다. 그래서 천부인(하늘이 준 증표) 세 개를 환웅에게 주어 내려가 다스리게 했다. 환웅은 무리 3천을 이끌고 태백산 꼭대기 신단수 아래 내려와 그곳을 신시라고 불렀다. 이분을 환웅천왕이라 한다. 그는 바람, 비, 구름을 다스리는 신하를 거느리고 곡식, 형벌, 선악 등 인간의 360여 가지 일을 다스렸다. 이때 곰 한 마리와 호랑이 한 마리가 같은 굴에서 살았는데, 환웅에게 사람이 되기를 빌었다. 환웅은 쑥과 마늘을 주며 말했다.
> '이것을 먹고 100일 동안 햇빛을 보지 않으면 사람이 될 것이다.'
> 호랑이는 참지 못했지만, 곰은 잘 참아 21일 만에 여자가 되었다. 여자가 된 곰은 환웅과 결혼하여 아들을 낳았으니, 이분이 바로 단군왕검이다. 단군왕검은 아사달에 도읍을 정하고 나라를 세워 조선이라 했다." ―《삼국유사》중에서
>
> **단군왕검 영정**

고구려 무덤 벽화에 그려진 곰과 호랑이

당시 사람들은 집단마다 곰, 호랑이, 새 같은 특별한 동물을 섬겼어. 이것을 토테미즘이라고 한단다. 곰과 호랑이가 등장하는 단군왕검 이야기는 고조선 다음에 일어난 고구려에까지 전해졌나 봐. 두 사람이 씨름하는 장면을 그린 고구려 무덤 벽화를 보렴. 지워져서 잘 보이지 않지만 커다란 나무 밑에 곰과 호랑이가 웅크리고 있단다.

빛을 보지 않아야 한다는 것은 그만큼 어려움이 컸다는 것을 상징하는 게 아닐까? 어떤 학자는 이것을 일종의 성인식으로 해석하기도 한단다.

　단군왕검은 곰을 섬기는 집단과 환웅 집단이 결합하여 세운 나라의 우두머리였어. 그것을 웅녀와 환웅 사이에 태어난 아들로 표현한 거야.

　그럼, 단군왕검은 어떻게 나라를 다스렸을까? '단군'은 제사를 주관하는 제사장, 곧 무당이란 뜻이야. '왕검'은 정치를 주관하는 사람을 뜻하지. 그러니까 '단군왕검'은 제사와 정치를 한 손에 쥔

마니산 참성단
강화도 마니산 꼭대기에 있어. 단군왕검이 하늘에 제사 지내던 곳이라는 이야기가 전해 온단다. 지금도 개천절이면 제사를 지내. 전국체육대회의 성화도 이곳에서 불을 붙이지. 마니산은 마리산, 머리산이라고도 해.

최고 지배자를 말한단다.

단군왕검은 1908살까지 살다가 산신이 되었다고 해. 사람이 그렇게 오래 살 순 없는데, 여기엔 무슨 뜻이 담겨 있을까? 단군왕검은 한 사람의 이름이 아니라 최고 지배자를 뜻한다고 했지? 그러니까 여러 단군왕검이 대를 이어 다스렸다고 생각할 수 있을 거야. 1대 단군왕검, 2대 단군왕검, 이렇게 말이야.

자, 이렇게 단군왕검 이야기는 청동기 시대를 배경으로 하고 있어. 농사를 중시하고, 단군왕검처럼 제사와 정치를 한 손에 쥔 최고 지배자가 다스리는 것이야말로 청동기 사회의 특징이란다.

우리나라는 고인돌 천국

우리나라는 전 세계 고인돌의 약 40퍼센트가 모여 있는 고인돌 천국이란다. 우리나라 고인돌의 숫자는 남북한 모두 합쳐 4만 기가 넘는데, 특히 전라도에는 그중 절반인 약 2만 기가 있어.

고인돌은 청동기 시대를 대표하는 무덤이야. 무게가 수십 톤에 이르는 거대한 것부터 자그마한 것까지 여러 종류가 있어. 얼핏 봐서는 평범한 바위처럼 생긴 것도 있고.

강화도 부근리에 있는 고인돌은 덮개돌 하나만도 수십 톤에 이른단다. 이 돌을 운반하려면 적어도 튼튼한 남자 500명 정도가 필요했을 거라고 학자들은 말해. 청동기 시대의 한 가족을 다섯 명 정도라고 치고 한 집에서 남자 한 명씩 동원되었다고 하면, 이 고인돌의 주인공은 약 2,500명 정도를 동원할 수 있는 힘을 가진 사람이었을 거야. 거대한 고인돌을 만들기

● **여러 가지 고인돌**
탁자식 고인돌(위), 개석식 고인돌(왼쪽), 바둑판식 고인돌(아래)

시체는 어디에 묻었을까? 탁자식 고인돌은 무덤방이 땅 위에 있고 바둑판식과 개석식은 땅 속에 있단다.
탁자식 고인돌은 오늘날 받침돌이 두 개만 남아 있는 것이 많지만, 원래는 받침돌이 네 개로 사방이 막혀 있어.

위해서는 수많은 사람들이 땀을 흘려야 했단다.

그렇지만 모든 고인돌이 지배자의 무덤은 아니야. 고인돌은 대개 한곳에 몇십 기씩 떼를 지어 무리를 이루고 있어. 그 고인돌이 모두 지배자의 무덤일 리는 없지 않니. 그래서 고인돌 무리는 지배자와 그 가족의 공동묘지 또는 한 집단의 공동묘지로 본단다.

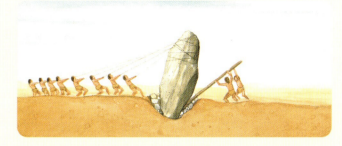

탁자식 고인돌 만드는 방법
먼저 받침돌을 세워. 받침돌 주변에 흙을 쌓은 다음 통나무를 이용해 덮개돌을 위로 끌어올리지. 그리고 흙을 치우고 무덤방에 시신을 넣고 문을 막는단다.

청동기 시대와 최초의 나라, 고조선

고조선 사람들은 어떻게 살았을까?

기원전 1000년경

그런데 말이야, 기원전 4, 5세기 무렵에 만들어진 고조선 토기에는
'불 화(火)' 자와 비슷한 글자가 두 개 새겨져 있어.
만약 이것이 고조선의 글자라면 한글보다 훨씬 먼저 발명된 최초의 우리 글자가 될 거야.
그러나 아직 정확한 것은 알 수 없단다.
고조선에 대해서는 알려지지 않은 게 너무 많아. 온통 수수께끼에 싸여 있는 것만 같구나.

기원전 70만 년경
구석기 시대
돌로 도구를 만듦

기원전 8000년경
신석기 시대
흙으로 토기를 만들고, 농사짓기 시작

기원전 2300년경
고조선 건국
단군왕검의 건국 이야기

기원전 1000년경
청동기 시대
청동검, 청동 거울 만듦

단군왕검이 고조선을 세운 때는 언제일까?

일연 스님이 쓴 《삼국유사》에는 기원전 2300년 무렵이라고 씌어 있어.

그러나 요즘 학자들은 훨씬 나중에, 그러니까 청동기 시대가 시작된 뒤에

고조선이 세워졌다고 주장하고 있어.

정확한 건 아직 알 수 없단다.

고조선의 영토는 어디까지였을까?

수도 아사달은 어디였을까? 학자에 따라 의견이 달라.

만주를 중심으로 하여 서쪽으로는 발해만,

남쪽으로는 예성강에 이르렀다는 의견이 있는가 하면,

평양을 중심으로 한 대동강 부근이라는 의견도 있어.

또, 처음엔 만주에 수도를 두었다가 나중에 대동강 부근의 평양으로 옮겼다는 의견도 있지.

고조선은 청동기 시대부터 철기 시대에 이르기까지 상당히 오랫동안 있었던 나라야.

고조선에 대해서는 아직 풀리지 않은 수수께끼가 많단다.

고조선의 수수께끼는 세운이와 친구들이 앞으로 힘껏 연구해 볼 만한 주제야.

그럼, 오늘은 고조선의 수수께끼를 풀어 줄 이야기를 해 볼까?

기원전 400년경
철기 시대
철제 무기, 철제 농기구 사용

기원전 37년경
고구려 건국
주몽, 졸본에 고구려 세움

427년
고구려
평양으로 수도 옮김

● 고조선 사람들은 마을을 이루어 모여 살았어. 이 점은 신석기 시대 사람들과 같아. 마을 주민들은 힘을 모아 농사를 지었단다. 농사에 필요한 농기구는 돌로 만들었어. 지난번에도 말했지만, 청동기는 만들기 까다롭고 몹시 귀했기 때문에 집집마다 필요한 농기구를 청동으로 만들 수는 없었거든. 한참 나중에 철을 사용하게 되면서부터는 농기구도 철로 만들었단다.

농경무늬 청동기

농사짓는 사람의 모습이 새겨져 있어서 농경무늬 청동기라고 해. 오른쪽에 따비로 밭을 갈고 있는 남자가 보이니? 따비는 땅을 깊이 가는 도구야. 청동기 시대에는 이런 농기구의 발달로 전보다 더 많은 곡식을 생산하게 된단다.
—국립중앙박물관

고조선 사람들은 어떻게 살았을까?
057

청동기 시대의 마을
울산 울주군 검단리에 있는 청동기 시대 마을 터란다. 전체 모양이 타원형인데 긴 지름은 118미터, 짧은 지름이 70미터쯤 돼. 마을을 빙 둘러 도랑을 파고 물을 채워서 아무나 함부로 들어오지 못하게 했어. 발굴 후 다시 흙으로 덮어놓았기 때문에 지금 가 보면 평범한 평지로밖에 보이지 않는단다.

고조선 사람들의 의식주 생활

　　벼농사는 기원전 10세기경부터 시작했단다. 고조선 사람들은 벼농사 외에 콩, 조, 기장, 수수 등을 심었어. 목축도 발달하여 개, 돼지, 소, 말 등을 길렀지.

　　요리법은 전보다 더욱 발전하여 조미료를 썼단다. 소금, 그리고 콩을 발효시켜 만든 된장과 간장이 조미료였어. 단군왕검 이야기에 나오는 마늘과 쑥도 널리 쓰인 조미료와 반찬이었어. 아, 이때의 마늘은 지금의 마늘을 말하는 게 아니야. 이때의 마늘은 달래 비슷한 거란다. 지금의 마늘은 철기 시대에 우리나라에 들어왔어.

　　김치도 있어. 물론 오늘날의 김치와는 다르게 생겼단다. 무를 소금에 절인 것이었어. 고춧가루가 없었으니 빨갛거나 맵지도 않았고.

　　음식은 곡식으로 만든 주식에 고사리, 도라지, 미나리, 더덕 같은 산나물과 송어, 연어, 고등어, 명태, 임연수어 같은 물고기와 굴, 소라, 우렁이, 전복, 홍합 등을 반찬으로 먹었어.

　　벼농사를 짓긴 했지만 쌀밥은 귀한 것이었단다. 그래서 쌀밥과

고추의 역사

고추는 조선 시대의 임진왜란 이후에 우리나라에 들어왔어. 그러니까 임진왜란 전까지는 고춧가루를 넣은 빨갛고 매운 음식이 없었단다.

고기는 잔치나 제사 때라야 먹을 수 있었어. 마실 것은 없었냐고? 물론 있었지. 곡식이나 과일로 빚은 술이 있었어.

그릇으로는 흙으로 만든 토기나 나무로 만든 것을 썼지. 토기는 썩지 않으니까 지금까지 남아 있어서 박물관에 가면 볼 수 있는데, 나무 그릇은 썩어 없어졌을 테니 지금은 볼 수가 없구나.

사람들은 정성껏 요리한 음식을 토기나 나무 그릇에 담아서 짐승 뼈 또는 나무로 만든 숟가락으로 떠먹었단다.

그런데 토기를 보렴. 뭔가 달라지지 않았니? 예전보다 모양이 훨씬 다양해졌고, 무엇보다 예전의 빗살무늬가 사라지고 없구나. 아무 무늬 없는 밋밋한 갈색 토기야. 이것을 민무늬 토기라고 한단다. 가마에서 구워 낸 민무늬 토기는 빗살무늬 토기보다 예쁘지는 않지만 훨씬 더 단단했단다.

옷은 삼베, 모직, 명주 등으로 만들어 입었어. 신발은 대개 짚신을 신었지만, 신분이 높은 사람은 가죽신을 신고 가죽 모자를 썼단다. 고조선에서 나는 표범 가죽과 호랑이 가죽은 중국에 수출할 정도로 질이 좋았어.

집 짓는 기술은 신석기 시대보다 많이 발전했단다. 신석기 시대의 움집보다 조금 더 땅 위로 올려 지은 반움집을 주로 지었어. 땅을 약간 파고 굵은 나무로 기둥을 세운 다음 서까래를 올리고 짚으로 지붕을 덮는 방식은 전과 비슷했지. 하지만 훨씬 세련되고 생김새도 고깔 모양, 네모 모양 등으로 다채로워졌단다. 습기를 없애기 위해

반달 돌칼
청동기 시대에 널리 쓰인 반달 모양 돌칼이야. 곡식 이삭을 따는 데 썼지. 구멍에 끈을 끼워 손가락에 걸고서 쓴단다. 대개는 반달 모양이지만 세모나 네모 모양도 있어.
—국립중앙박물관

민무늬 토기
가마에서 구워 낸 민무늬 토기야. 표면이 매끄럽고 바닥이 평평해. 빗살무늬 토기보다 훨씬 더 단단하단다.
—국립중앙박물관

쪽구들
온돌은 매우 훌륭한 난방법이야. 그러나 아직 바닥 전체에 온돌을 깔지는 않았어. 한쪽 부분에만 깔았기 때문에 쪽구들이라고 부른단다. 사진은 평안북도 영변 세죽리에서 발견된 쪽구들이야.

바닥을 불에 태워 굳히고, 그 위에 짚으로 엮은 자리나 나무껍질을 깔았어.

한쪽에는 쪽구들을 놓아 난방을 했단다. 신석기 시대의 집보다 땅 위로 상당히 올라왔기 때문에 난방 시설을 따로 갖추지 않으면 추위를 견디기 어려웠거든. 그래서 생각해 낸 게 쪽구들이란다. 커다란 돌을 뜨겁게 달구어 두면 밤새도록 식지 않고 온기가 남아 있어 집 안이 따뜻했지.

식구가 많으면 집을 넓게 짓고 칸막이를 하여 공간을 나눠 썼단다. 원룸에서 벗어난 거야. 집 옆에는 창고를 지어 놓고 거둬들인 곡식을 보관했어.

여옥의 노래

춤과 노래를 좋아하는 건 아마 우리 민족의 뿌리 깊은 특징인가 봐. 고조선 사람들도 춤과 노래를 참 좋아했어. 하늘에 제사를 드리는 제천 행사가 열리면 한바탕 노래와 춤판을 벌였단다.

어떤 노래, 어떤 춤이었을까? 네 궁금증을 풀어 줄 실마리가 있어. 지금까지 전해 오는 고조선 여인의 노래가 있단다. 중국의 《고금주》라는 책에 실려 있는 '공무도하가'라는 노래야. 유감스럽게도 노랫말만 있고, 멜로디와 박자는 알 수 없구나.

'공무도하가'를 지은 이는 여옥이라고 하는데, 뱃사공 곽리자고의 아내였어. 이 '공무도하가'에는 기막힌 사연이 있단다.

하루는 곽리자고가 강가에 앉아 있는데, 머리가 하얗게 센 노인이 달려와 강물에 뛰어들더란다. 뒤따라온 노인의 아내가 말렸지만 노인은 끝내 물에 빠져 죽고 말았어. 노인의 아내는 공후를 타며 슬피 노래하다가 뒤따라 강에 몸을 던졌단다.

곽리자고는 집에 돌아와 아내 여옥에게 자기가 본 것을 이야기해 주었어. 여옥은 그 자리에서 공후를 타며 노래를 지어 불렀단다.

공후
고조선 사람들이 즐겨 탄 악기야. 서양의 하프와 비슷한 현악기인데, 모양에 따라 와공후, 수공후, 대공후, 소공후 등으로 나뉜단다. 공후는 본래 중앙아시아의 악기로 중국을 거쳐서 우리에게 전해졌다고 해.

님아 가람 건너지 마소
그예 님이 건너시네
물에 들어 죽으시니
어저 님아 어이하리

공무도하가
고조선 여인이 부른 노래인데, 슬픈 사연이 얽혀 있어.

글자가 새겨져 있는 고조선의 토기

뱃사공의 아내인 여옥이 즉석에서 노래를 지어 부른 것을 보면, 고조선 사람들은 노래 한 곡쯤은 거뜬히 지을 만큼 널리 음악을 즐기고 사랑했던 모양이야.

고조선에 글자가 있었을까? 지배자들은 중국의 한자를 배워 썼고, 평범한 사람들은 대부분 글자를 몰랐단다. 그런데 말이야, 기원전 4, 5세기 무렵에 만들어진 고조선 토기에는 '불 화(火)' 자와 비슷한 글자가 두 개 새겨져 있어. 만약 이것이 고조선의 글자라면 한글보다 훨씬 먼저 발명된 최초의 우리 글자가 될 거야. 그러나 아직 정확한 것은 알 수 없단다.

고조선에 대해서는 알려지지 않은 게 너무 많아. 온통 수수께끼에 싸여 있는 것만 같구나.

위만 조선의 발전

기원전 206년, 중국은 진시황이 세운 진나라가 망한 뒤부터 한나라가 설 때까지 거의 5년 동안 전쟁이 끊일 날이 없었어. 이때 전쟁을 피해 고조선으로 이주해 온 사람들이 무척 많았단다. 위만이라는 사람도 그중 하나였어.

위만은 중국 연나라에서 천여 명의 무리를 이끌고 왔어. 그는 고조선으로 올 때, 상투를 틀고 고조선 옷을 입었다고 해. 그래서 그를 중국 사람이 아니라 연나라에 살던 고조선 사람이라고 생각하기도 한단다.

당시 고조선의 왕은 준왕이었어. 위만을 믿은 준왕은 위만에게 박사라는 관직을 주고 서쪽 땅 100여 리를 다스리게 했어. 그런데 기원전 194년, 몰래 세력을 키워 온 위만은 준왕을 몰아내고 왕위에 올랐단다. 준왕은 배를 타고 남쪽에 있는 진국으로 달아났어.

위만이 이끄는 고조선은 날로 강해졌어. 당시는 이미 철기를 사용하는 철기 시대가 시작되고 있었지. 그래서 철로 만든 농기구로 전보다 많은 곡식을 생산하

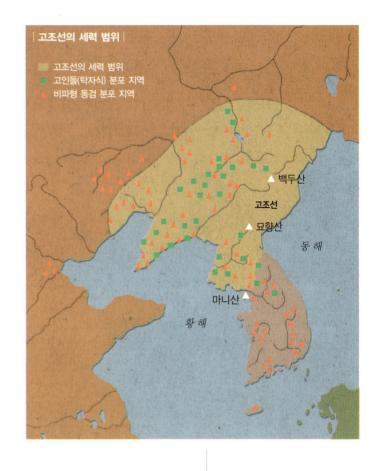

고조선의 세력 범위
- 고조선의 세력 범위
- 고인돌(탁자식) 분포 지역
- 비파형 동검 분포 지역

고, 철로 만든 무기로 무장한 강력한 군대를 키웠단다. 또, 왕 아래에는 상, 대부, 장군 등 여러 관직을 두어서 지배 질서를 갖추었어.

위만의 손자인 우거왕 때, 고조선은 더욱 강해졌어. 남쪽의 진국이나 다른 나라들이 중국의 한나라와 교역하는 것을 가로막고 무역을 독차지했단다. 고조선은 동북아시아의 강국이 된 거야.

고조선의 성장에 위협을 느낀 중국 한나라의 무제는 사신 섭하를 보내 한나라를 섬기라고 요구했어. 그러나 고조선은 호락호락 고개를 숙이지 않았지.

섭하는 한나라로 돌아가는 길에, 배웅 나온 고조선의 비왕 장을 죽여 버렸단다. 그러고는 무제에게 '조선의 장수를 죽였다'고 보고했어. 무제는 섭하에게 요동동부도위라는 벼슬을 주었단다.

그러자 화가 난 우거왕은 기습 공격을 감행하여 섭하를 죽였어. 섭하가 죽었다는 소식을 들은 무제는 내심 잘되었다고 생각했단다. 섭하의 죽음을 구실 삼아 고조선으로 쳐들어갈 작정을 한 거야.

무제는 수군과 육군을 동원하여 두 방향으로 공격하게 했어. 누선 장군 양복이 이끄는 7천 군사가 산동 반도에서 배를 타고 황해를 건너고, 좌장군 순체가 이끄는 육군 5만이 요동을 지나 쳐들어왔어. 순체는 왕검성 따윈 금방 무너뜨릴 수 있다고 자신만만했어. 그러나 고조선의 용맹한 군사들은 첫 전투에서 승리를 거두었어. 첫 대결은 고조선의 완승이었지.

쇠뇌
쇠뇌는 강력한 신무기였어. 방아쇠를 당기면 화살이 발사되는데 손으로 쏘는 것보다 훨씬 정확하고 또 파괴력이 강했단다. 아래 사진은 쇠뇌의 방아쇠 부분이야.

아, 왕검성!

한나라 군사들에게 포위된 왕검성 안의 고조선 사람들은 성문을 닫아걸고 싸웠어. 시간이 흐를수록 한나라 군사의 사기는 떨어져 갔단다. 왕검성 안에서도 계속 싸우자는 쪽과 강화를 맺자는 쪽으로 의견이 갈렸어.

강화를 주장한 사람은 조선상 역계경이었어. 그는 우거왕이 자기 말을 듣지 않자 남쪽으로 떠나 버렸어. 조선상 노인, 상 한음,

*殉 따라죽을 순
葬 장사 지낼 장

> ❗ **고조선의 법, '범금 8조'**
>
> 중국 역사책 《한서》 지리지에는 고조선에 '범금 8조'가 있다고 씌어 있단다. 이 '범금 8조'가 바로 고조선의 법이야. 그중 세 가지 조목의 내용을 살펴볼까?
> "사람을 죽인 자는 사형에 처한다. 남을 다치게 한 자는 곡식으로 갚아야 한다. 도둑질한 자는 도둑맞은 집의 노비로 삼는다. 이때 노비를 면하려면 50만의 돈을 내야 한다."
> 우리는 이 '범금 8조'로 고조선의 사회 질서를 짐작할 수가 있어. 고조선에서는 개인의 재산을 인정하고 보호했으며, 노비와 노비를 부리는 사람이 있었다는 걸 알 수 있지. 노비는 주인을 위해 일하고, 주인이 죽으면 따라 죽어야 했어. 이렇게 주인이 죽으면 따라 죽는 것을 순장이라고 해. 당시에는 사람이 죽으면 다른 세상으로 간다고 생각했거든. 그래서 노비 주인은 다른 세상에서도 불편 없이 살려고 죽기 전에 부리던 노비를 데려갔던 거야.

왕검성 전투
흙을 다져 쌓은 토성인 왕검성 안에서
고조선 사람들은 1년여 동안 한나라 군사들과 맞서 용감하게 싸웠어.
그러나 결국 기원전 108년 여름에 고조선은 멸망했어.

니계상 참, 장군 왕겹도 강화를 주장했어. 결국 이들은 우거왕을 죽이고 한나라에 투항하고 말았단다.

우거왕은 죽었지만, 왕검성은 무너지지 않았어. 대신 성기의 지휘 아래 사람들이 일치단결하여 싸움을 계속했지. 한나라 장군 순체는 힘으로는 도저히 왕검성을 무너뜨릴 수 없다고 생각하고 다른 방법을 쓰기로 했어. 순체는 우거왕의 아들 장, 노인의 아들 최를 부추겨 대신 성기를 죽이게 했단다. 마침내 성기가 죽고 왕검성이 무너졌어. 1년에 걸친 혈전 끝에 고조선은 멸망하고 만 거야. 이때가 기원전 108년이란다.

고조선 백성들은 머나먼 중국 땅으로 끌려가야 했지. 나라를 팔고 투항한 자들은 한나라에서 벼슬을 받았다고 해. 고조선은 전쟁에서 졌기 때문이 아니라 지배층의 분열과 배신 때문에 멸망한 것이었어.

한나라는 고조선 땅에 낙랑, 진번, 임둔, 현도라는 4개의 군을 두어 다스리려 했단다. 그렇지만 살아남은 고조선 유민들의 강력한 저항을 받아서 진번, 임둔군은 곧 없

*遺 남을 유
民 백성 민

낙랑 토성
평양 대동강 부근에 있는 나지막한 토성이야. 한나라 사람들이 고조선의 왕검성이 있던 곳에 쌓았다고 해.

어지고 현도군은 서쪽으로 쫓겨났어. 낙랑군도 남아 있다가, 결국 313년 고구려에게 멸망당했지.

자, 오늘 엄마가 들려주는 우리 역사 이야기는 여기서 멈추기로 하자. 우리 조상이 세운 최초의 국가인 고조선이 번창했다가 멸망하는 모습까지 얘기했단다. 시간으로 치면 몇 세기에 걸쳐 일어난 일이야. 그 긴 시간 동안에 일어난 수많은 사건들을 줄줄 외울 필요는 조금도 없어. 역사는 외우는 공부가 아니라 느끼고 생각하는 공부야. 끊임없이 발전해 온 사람의 역사를 네가 느낄 수 있었다면 그것으로 충분하단다.

고조선의
본래 이름은 조선이다

고조선의 본래 이름은 조선이야. 조선을 고조선이라고 부르는 건 일연 스님이 쓴 《삼국유사》에 처음 나온단다. 일연 스님은 나중의 조선과 구별하기 위해 '옛날의 조선'이란 뜻에서 '옛 고(古)' 자를 덧붙여 고조선(古朝鮮)이라고 했어. 그럼 일연 스님이 염두에 두었던 '나중의 조선'이란 무엇일까?

《삼국유사》에 실린 고조선

"이성계가 세운 조선!"

세운이답게 자신만만하군. 그렇지만 다시 한 번 생각해 보자. 일연 스님이 《삼국유사》를 쓴 것은 고려 때니까 이성계가 나라를 세우기 훨씬 전이란다. 일연 스님이 아무리 미래를 내다보는 예언 능력이 있다 해도 아직 생기지도 않은 나라를 염두에 두고서 '고' 자를 붙였을 리는 없지 않니? 일연 스님은 단군 왕검이 세운 조선과 위만이 다스린 조선을 구별하기 위해 단군왕검이 세운 조선에 '고' 자를 붙여 고조선이라고 한 거야.

《삼국유사》보다 먼저 나온 역사책에는 단군왕검 이야기가 실려 있었을까? 물론 있었을 거야. 하지만 아쉽게도 그 책들은 오늘날 남아 있지 않단다. 그런데 김부식의 《삼국사기》는 《삼국유사》보다 백여 년 먼저 쓴 것이지만, 단군왕검 이야기가 단 한 줄도 없어. 왜일까? 유학자였던 김부식은 단군왕검 이야기를 황당무계하여 믿을 수 없다고 생각했기 때문이야.

고조선 다음에는 어떤 나라들이 있었을까?

기원전 400년경

최초의 나라 고조선, 다음의 부여, 또 그다음의 고구려, 동예,
옥저 외에는 아무 데도 사람이 살지 않았던 걸까?
그렇지 않단다. 한반도 여기저기, 살기 좋은 환경을
갖춘 곳이면 사람들이 모여 마을을 이루고 나라를 세웠어.
그중에서도 힘센 나라가 이웃 나라를 정복하여
더 크고 강한 나라가 되었지.

기원전 70만 년경
구석기 시대
돌로 도구를 만듦

기원전 8000년경
신석기 시대
흙으로 토기를 만들고, 농사짓기 시작

기원전 2300년경
고조선 건국
단군왕검의 건국 이야기

기원전 1000년경
청동기 시대
청동검, 청동 거울 만듦

어제 저녁, 방바닥에 엎드려 사회 교과서를 뒤적이던 세운이가 불쑥 물었어.

"엄마, 부여가 나라 이름이야? 난 도시 이름인 줄 알았는데……."

"으응, 도시 이름이기도 하고, 나라 이름이기도 해."

"그런데 부여라는 나라는 도시 부여하고 전혀 다른 곳에 있었나 봐."

"어떻게 알았니?"

"지도에 그렇게 나와 있는걸."

맞아, 부여라는 나라는 도시 부여와는 전혀 다른 곳에 있었단다.

부여라는 도시는 너도 알고 있다시피 충청남도에 있어.

삼국 시대, 백제의 수도였던 곳이지.

그런데 부여라는 나라는 멀리 만주에 있었어.

지도를 보면 백두산에서 만주로 구불구불 흘러가는 긴 강이 있을 거야.

찾았니? 강 이름은 송화강, 주변에 넓은 평야가 펼쳐져 있어.

바로 이곳 송화강 주변의 넓은 평야에 있었던 나라가 부여란다.

그럼, 오늘은 부여를 비롯해서 고조선 다음으로

우리 역사에 나타난 여러 나라에 대해 알아보자.

기원전 400년경
철기 시대 철제 무기, 철제 농기구 사용

기원전 37년경
고구려 건국
주몽, 졸본에 고구려 세움

427년
고구려
평양으로 수도 옮김

● 부여는 고조선이 멸망하기 조금 전에 세워져 약 600년 동안 있었던 나라란다. 그러니까 부여는 고조선에 뒤이어서 두 번째로 우리 역사에 등장한 나라야. 그리고 그 무렵에 부여 말고도 여러 나라들이 생겨났어. 고구려, 동예, 옥저, 삼한이 그것이란다. 어쩌면 더 많은 나라들이 있었는지도 몰라. 하지만 역사책에 남아 있는 이름이 그뿐이니, 더 이상은 알 도리가 없구나.

우린 이 나라들에 관해서 아주 조금밖에 알 수가 없어. 당시 사람들이 직접 쓴 기록은 남아 있지 않고, 발굴된 유물도 매우 적기 때문이야. 그런데 《삼국지》 위서 동이전이라는 중국의 역사책에는 이 나라들에 대해 비교적 자세히 씌어 있단다. 오늘 엄마가 네게 들려줄 얘기는 대부분 그 책에 씌어 있는 거야.

《삼국지》 위서 동이전

《삼국지》는 조조, 유비, 제갈량, 손권 등이 활약한 중국의 위, 촉, 오의 삼국 시대를 다룬 역사책이야. 이 책은 3세기 말, 진나라 사람 진수가 썼는데, 그중에서 위나라 역사를 다룬 부분을 '위서' 또는 '위지'라고 해. '동이전'은 그중 일부로, '동쪽 오랑캐들에 관한 기록'이란 뜻이란다. 중국인들은 자기 나라가 세상의 중심이며 다른 나라는 모두 오랑캐라고 생각했어. '동이전'에는 부여, 고구려, 옥저, 동예, 삼한에 대한 내용들이 실려 있지. 비록 중국인의 입장에서 쓴 것이지만, 다른 기록이 거의 없기 때문에 이것을 참조하지 않을 수 없단다.

부여의 흔적들

부여는 기원전 3세기쯤에 세워졌어. 부여에도 건국 신화가 있단다. 그에 따르면, 부여를 세운 사람은 동명이라고 해. 그는 부여보다 북쪽에 있던 탁리국 왕의 시녀가 낳은 알에서 태어났어. 동명은 활을 무척 잘 쏘았단다. 그리고 동명은 자기를 시기하는 사람들을 피해 남쪽으로 도망쳐서 부여를 세웠어.

세운이는 고구려를 세운 주몽의 이야기를 알고 있니? 동명의 이야기는 주몽의 이야기와 거의 똑같아. 알에서 태어난 것, 활을 잘

동명왕릉
고구려의 시조 주몽의 무덤이야. 북한의 평양시에 있단다. 이 무덤은 고구려가 평양으로 수도를 옮길 무렵인 4세기 말에서 5세기 초에 만든 것으로 생각돼. 아마도 다른 곳에 있던 무덤을 이리로 옮겨 왔을 거야.

쏜 것, 그리고 남쪽으로 도망쳐 나라를 세운 것까지 같단다. 그뿐 아니라, 고구려 사람들은 주몽과 동명을 같은 인물이라고 믿었어. 왜 그랬을까?

나중에 다시 얘기할 기회가 있겠지만, 고구려는 부여에서 갈라져 나온 사람들이 세운 나라였어. 그런데 부여보다 더 강한 나라가 되었지. 그러면서 동명을 주인공으로 한 부여의 건국 신화는 어느 틈엔가 주몽을 주인공으로 하는 고구려의 건국 신화로 슬쩍 바뀌었단다. 두 신화가 비슷한 이유를 이제 알겠지?

참, 백제도 부여와 관련이 많단다. 세운아, 백제 왕들의 성씨가 뭐였는 줄 아니? 바로 부여씨였어. 또, 백제는 성왕 때 수도를 사비(지금의 충청남도 부여)로 옮기고 나라 이름을 남부여라고 고친 적도 있지.

왜 그랬을까? 백제는 자신의 뿌리를 부여라고 믿었어. 백제는 고구려에서 갈라져 나온 나라로서 한때 고구려의 강력한 라이벌이었거든. 백제는 비록 고구려에서 갈라져 나오긴 했지만 자기들의 조상은 경쟁자인 고구려가 아니라 부여라고 강조하고 싶었던 거야.

송화강
부여가 자리 잡았던 만주 송화강 주변의 모습이야. 부여는 오늘날 그 자취를 찾아보기 어렵지만 우리 역사에서 매우 중요한 나라란다.

| 부여와 여러 나라들 |

가축을 잘 기른 부여 사람들

고조선이 멸망할 무렵, 부여는 만주 일대에서 가장 부강한 나라였어. 부여는 특히 목축이 발달했지. 그래서 부여 사람들은 '가축을 잘 기른다'고 소문이 났단다. 말, 돼지, 소, 닭, 개 등을 길렀는데, 그중에서도 말이 가장 유명했어. 부여의 말은 몸집이 크고 날래서 '명마' 또는 '신마'라고 불렸어.

부여 사람들이 목축을 얼마나 중요하게 여겼는지는 높은 관리의 이름에 가축 이름을 따 붙인 것만으로도 짐작할 수가 있어. 부여의 가장 높은 관리는 네 명의 '가'였는데, 이름을 마가, 우가, 저가, 구가라고 했단다. '마'는 말, '우'는 소, '저'는 돼지, '구'는 개를 뜻하는 한자이고, '가'는 귀한 사람, 대인이라는 존칭어야. 뭐, 이름이 좀 우습다고?

네 명의 가는 각각 한 지역을 맡아서 다스렸어. 왕은 중심부만 직접 다스리고 나머지 지역은 넷으로 나누어 네 명의 '가'들이 다스렸지. 이렇게 넷으로 나누어진 지역을 '사출도'라고 했어. 그러니까 부여는 왕이 직접 다스리는 중심부와 사출도로 이루어진 나라였던 거야. 왕이 다스리는 중심부에는 궁궐, 창고, 감옥 등이 있었어.

네 명의 '가'는 자기가 다스리는 지역에서는 왕과 다름없는 존재였던 것 같아. 그러니 실제 왕의 권한은 그리 강력하지 못했겠지? 왕이 정치를 잘못하면 네 명의 '가'가 쫓아낼 수도 있었어. 가뭄이

*加 더할 가
馬 말 마
牛 소 우
猪 돼지 저
狗 개 구

나 홍수가 심해서 백성들이 살기 어려워졌을 때는 왕에게 책임을 물어 쫓아내거나 심지어는 죽이기까지 했다는구나.

부여에도 고조선처럼 법이 있었을까? 부여의 법은 오늘날 네 개 조목만 전해 오고 있는데, 이 법을 보면 고조선의 법보다 더 엄격한 것 같아.

부여의 법을 보통 '1책 12법'이라고 해. 도둑질을 한 사람에게 물건 값의 열두 배를 물어내게 했기 때문에 그렇게 불린단다. 또, 살인자의 가족을 노비로 삼는다고 했으니 부여에도 고조선처럼 노비가 있었다는 것을 짐작할 수 있겠지? 그리고 투기가 심한 부인을 사형에 처한다는 건 부여가 매우 남성 중심이었다는 뜻이야.

부여 사람들은 어떻게 생겼을까? 당시의 그림이 남아 있지 않으니 상상해 볼 수밖에. 부여 사람들은 몸집이 크고 용감했단다. 머리 모양은 머리카락을 들어 올려 정수리에 묶었다고 해. 조선 시대 사람들의 상투처럼 말야. 옷은 흰 베로 만든 것을 입었는데, 저고리 소매가 매우 넓었단다.

재밌는 건, 부여 사람들은 노래를 무척 좋아해서 길을 다니면서도 노래를 불렀다는 거야. 길거리에 노랫소리가 온종일 끊이질 않았다

부여의 법

- 살인자는 사형에 처하고 그 가족은 노비로 삼는다.
- 도둑질을 한 사람은 물건 값의 열두 배를 물어내야 한다.
- 간음한 사람은 사형에 처한다.
- 투기가 심한 부인은 사형에 처한다.

부여의 황금 허리띠고리
말이 새겨져 있어. 부여가 자랑하는 '신마'일까? 부여 사람들은 황금 다루는 솜씨가 뛰어났단다.

니, 부여 사람들은 참 유쾌하게 살았던 모양이야.

자, 부여를 웬만큼 둘러봤으니 이제 옥저와 동예로 가 볼까?

고구려와 비슷한 옥저와 동예

옥저는 함경도의 해안 지방에 있었던 나라야. 바다 근처에 있어서 해산물이 많이 나고, 소금도 만들었단다. 소금은 그때나 지금이나 사람이 살아가는 데 없어서는 안 될 것이기 때문에 아주 귀중하게 여겼어.

옥저 사람들은 고구려 사람들과 여러 면에서 비슷했어. 음식, 옷, 예절, 용감하고 강직한 성품까지 닮은꼴이었단다. 그런데 결혼 풍습만큼은 달랐어. 고구려에서는 결혼하면 신랑이 신부 집에 가서 살았거든. 그런데 옥저에서는 반대로 신부가 열 살이 되면 약혼을 하고 신랑감의 집에 가서 어른이 될 때까지 살다가, 신랑이 신부의 몸값을 치른 다음 결혼을 했단다. 이런 풍습을 민며느리 제도라고 해. 서로 닮은꼴인 고구려와 옥저인데도 어째서 결혼 풍습은 정반대인지 정말로 이상하지? 학자들도 아직 정확한 이유를 알아내지 못하고 있단다.

동예는 강원도 북부 지방에 있던 나라야. 옥저처럼 말과 풍습이 고구려와 비슷했어. 아마 옥저와 동예의 조상은 부여나 고구려였을 거야.

옥 목걸이
지배자들은 보석으로 만든 장신구로 치장하기를 좋아했어. 사진은 충청남도 예산 동서리에서 발굴된 옥으로 만든 목걸이(위)와 부산 노포동에서 발굴된 옥 목걸이(아래)란다.

국립부여박물관

부산시립박물관

동예의 활과 말은 중국까지 소문이 날 만큼 유명했어. 동예의 활은 '단궁'이라고 했는데, 크기는 작지만 탄력이 좋아서 멀리까지 날아갔단다. 동예의 말은 '과하마'라고 했어. '과일나무 밑으로 지나갈 수 있을 만큼 작은 말'이라는 뜻이야. 몸집은 작지만 튼튼하고 순해서 다루기가 쉬웠단다.

옥저와 동예는 고구려처럼 강한 나라로 성장하지 못했어. 그래서 고구려의 지배를 받다가 고구려의 일부가 되어 버렸단다. 옥저와 동예뿐 아니라 부여도 고구려에 정복당해 그 일부가 되었어.

고구려는 작은 나라에서 출발하여 옥저, 동예, 부여 등 주변의 나라들을 자꾸 정복하면서 큰 나라가 되어 갔어. 고구려에 대해서는 나중에 좀 더 자세히 얘기해 주마.

* 果下馬 열매 과 / 아래 하 / 말 마

80여 개의 나라가 모인 삼한

지금까지 우린 만주와 한반도 북쪽만 봐 왔어. 고조선, 부여, 고구려, 동예, 옥저, 모두 만주 일대와 한반도 북쪽에 있었던 나라들이잖니.

그럼, 한반도 남쪽의 사정은 어땠을까? 최초의 나라 고조선, 다음의 부여, 또 그다음의 고구려, 동예, 옥저 외에는 아무 데도 사람이 살지 않았던 걸까?

그렇지 않단다. 한반도 여기저기, 살기 좋은 환경을

삼한의 위치

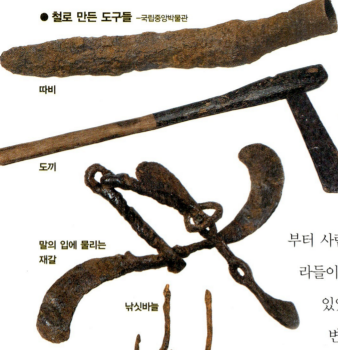

● 철로 만든 도구들 —국립중앙박물관

따비

도끼

말의 입에 물리는 재갈

낚싯바늘

경상남도 창원 다호리에서 발굴된 철로 만든 도구들이야. 철로 만든 농기구로는 전보다 더 많은 식량을 생산해낼 수 있었어.

갖춘 곳이면 사람들이 모여 마을을 이루고 나라를 세웠어. 그중에서도 힘센 나라가 이웃 나라를 정복하여 더 크고 강한 나라가 되었지. 이런 일이 이곳저곳에서 일어났단다.

한반도 남쪽은 기후가 따뜻하고, 넓은 들과 큰 강이 있어서 옛날부터 사람이 살기에 적당했어. 그래서 많은 나라들이 생겨났단다. 약 80개의 작은 나라가 있었는데, 이 나라들은 크게 마한, 진한, 변한으로 묶여졌단다. 우리는 마한, 진한, 변한을 통틀어 '삼한'이라고 불러.

마한은 지금의 전라도, 충청도, 경기도 일대에 있던 54개의 작은 나라를 말해. 진한은 지금의 대구, 경주 근처에 있던 12개의 작은 나라를 말하고, 변한은 지금의 김해, 마산 근처에 있던 12개의 작은 나라를 말한단다. 세운이가 알고 있는 신라는 진한에 속해 있던 작은 나라, 사로국에서 출발했어. 백제는 마한에 속해 있던 작은 나라에서 출발했고.

삼한 사람들의 가장 중요한 생활 수단은 농사였어. 벼농사를 많이 했지. 벼농사에는 무엇보다 물이 중요해. 물이 없으면 농사가 제대로 되질 않아. 그래서 삼한 사람들은 비가 오면 빗물을 저장해 두었다가 농사에 쓰려고 저수지를 만들었어. 당시에 만들어진 저

수지 중에는 제천의 의림지, 김제의 벽골제, 밀양의 수산제처럼 오늘날까지 남아 있는 것이 있단다.

오늘 엄마가 얘기한 부여, 고구려, 동예, 옥저, 삼한은 삼국 시대가 시작되기 전인 청동기 시대부터 철기 시대까지 만주와 한반도 이곳저곳에 있었던 나라들이야. 이 나라들이 있었던 시대는 우리 역사에서 소홀히 여겨지기 쉬운데, 실은 매우 중요하다고 생각되는구나. 이 시대를 모르면 삼국 시대가 마치 하늘에서 뚝 떨어진 것만 같거든.

그러니까 삼국 시대는 고조선이 멸망하고 나서 한동안 아무것도 없다가 어느 날 갑자기 시작된 것이 아니라, 이런 작은 나라들의 시대를 거치면서 서서히 모습을 갖추어 간 거란다.

제천 의림지
삼한 사람들은 빗물을 저장해 두었다가 농사지을 때 쓰려고 저수지를 만들었어. 사진은 충청북도 제천에 있는 의림지인데, 의림지는 신라 진흥왕 때 우륵이 만들었다는 이야기가 전해 오지만, 그보다 훨씬 전인 삼한 시대부터 있었던 것으로 생각된단다.

제천 행사는 왜 지냈을까?

부여에서는 음력 12월이 되면 온 나라 사람들이 모여서 하늘에 제사를 드렸어. 부여뿐 아니라 고구려, 동예, 삼한에서도 하늘에 제사를 드렸어. 하늘에 제사 드리는 일을 제천 행사라고 해. 당시 사람들에게 제천 행사는 아주 중요한 일이었단다. 왜냐고? 당시는 농사가 가장 중요한 생활 수단이었어. 농사가 잘 되려면 기온이 적당하고 때맞춰 하늘에서 비가 내리고 또 햇볕이 내리쬐어야 해. 그래서 사람들은 풍년을 갖다 주고 생명을 지켜 주는 신으로 하늘을 섬겼단다. 제천 행사는 당시 사람들의 정신적인 중심이었으며 종교였어.
죄수들에 대한 재판도 이때 열렸어. 모두 모인 자리에서 죄수들의 잘잘못을 가려 벌을 주면, '죄를 짓지 말아야지' 하고 다들 생각할 게 아니니.
나라마다 제사의 이름과 제사를 지내는 시기가 조금씩 달랐어. 부여의 제사는 '영고'라고 했어. '둥둥둥 북을 울리면서 신을 맞이한다'는 뜻이란다. 동예에서는 해마다 음력 10월에 제사를 드렸지. 이를 '무천'이라고 했어. '하늘을 향해 춤춘다'는 뜻이야. 삼한에서는 씨 뿌리고 난 뒤인 5월과 추수하고

전라북도 부안 석제 마을의 솟대
돌 오리가 마을을 지키고 있구나.

난 10월에 제사를 지냈어. 삼한에서는 제사를 드리는 장소를 소도라고 했어. 소도에는 신성한 장소라는 표시로 커다란 나무를 세우고 방울과 북을 매달아 놓았단다. 오늘날 남아 있는 솟대와 비슷하지 않았을까? 소도에는 죄인이 도망쳐 들어가도 함부로 잡을 수 없었다고 해.

제천 행사는 온 나라 사람들의 마음을 하나로 뭉치게 하는 기회이기도 했어. 요즘의 단합 대회나 수련회처럼 말야. 또, 축제이기도 했지. 정성껏 제사를 지낸 다음에는 남녀노소 구분 없이 모두 한마음이 되어 밤새워 노래하고 춤췄단다. 정말 신났겠지?

강원도 강문 마을의 솟대
옛날 사람들은 새를 사람과 하늘을 연결해 주는 전령으로 여겼단다. 소망이 하늘에 잘 전달되도록 새를 매단 솟대를 높이 세웠을 거야.

고사리 무늬 철기(왼쪽)와 감 세 개가 담긴 제사 그릇(오른쪽) —국립중앙박물관
경상남도 창원 다호리에서 발굴된 삼한 시대 유물이야.

삼국과 가야의 건국 이야기

기원전 37년경

어째서 사람들은 고구려, 백제, 신라, 가야를 '사국 시대'라고 하지 않고 가야를 빼고 '삼국 시대'라고 하는 걸까? 그 이유는 바로 여섯 가야가 하나로 통일되어 강력한 나라를 이루기 전에 신라에게 정복당했기 때문이야.

기원전 70만 년경
구석기 시대
돌로 도구를 만듦

기원전 8000년경
신석기 시대
흙으로 토기를 만들고, 농사짓기 시작

기원전 2300년경
고조선 건국
단군왕검의 건국 이야기

기원전 1000년경
청동기 시대
청동검, 청동 거울 만듦

지난번 편지에서는 고조선 다음에 있었던 여러 나라들에 대해 얘기했었지?

오늘은 그 여러 나라 가운데 하나였던 고구려, 백제, 신라가

어떻게 해서 다른 나라들을 제치고 우뚝 서게 되었는지 알아보자꾸나.

고조선과 마찬가지로 고구려, 백제, 신라에는

각각 나라를 세운 조상들에 대한 신비한 이야기가 전해 내려오고 있어. 전에도 말했듯이,

조상에 대한 신비한 이야기는 우리만이 아니라 세계 여러 나라,

여러 민족이 저마다 가지고 있는 것이란다.

로마를 세운 쌍둥이 형제 로물루스와 레무스는 늑대의 젖을 먹고 자랐다고 하고,

중국 하나라의 시조 우는 썩지 않은 아버지 시신에서 태어났다고 해.

그런가 하면 메소포타미아에 있던 우룩의 왕 길가메시는

반은 신이고 반은 사람이었다는구나.

이렇게 특이하고 신기한 내용으로 가득 찬 건국 이야기는

조상에 대한 신비감과 존경심을 불러일으키고 있어.

그럼 고구려, 백제, 신라는 어떤 건국 이야기를 갖고 있을까?

또, 그 이야기에 담긴 뜻은 무엇일까?

기원전 400년경
철기 시대
철제 무기, 철제 농기구 사용

기원전 37년경
고구려 건국 주몽, 졸본에 고구려 세움

427년
고구려
평양으로 수도 옮김

● 고조선이 멸망한 뒤의 일이야. 동부여의 금와왕이 태백산 남쪽에 있는 우발수라는 강가를 지나다가 한 여자를 만났단다.

"저는 하백의 딸 유화라고 합니다. 동생들과 놀고 있을 때 어떤 남자가 나타나 천제의 아들 해모수라고 하면서 저를 웅심산 밑 압록강 가에 있는 집으로 데려가 혼인하고는 떠나 버렸어요. 부모님은 중매 없이 혼인했다고 저를 꾸짖어 이리로 귀양 보냈답니다."

금와왕은 유화를 자기 궁궐로 데려갔어. 얼마 뒤 유화는

무용총 벽화 수렵도
고구려 무덤 벽화에 그려져 있는 사냥하는 사람들이야. 달리는 말 위에서 힘껏 화살을 당기고 있어. 어때, 고구려 사람들의 힘찬 기상이 느껴지니?

삼국과 가야의 건국 이야기
087

글쎄, 닷 되만 한 알을 한 개 낳았단다. 사람이 알을 낳다니, 정말 이상한 일이지? 금와왕은 불길한 징조라면서 알을 짐승의 먹이로 주라고 했어. 그런데 짐승들은 알을 먹기는커녕 건드리지도 않았단다. 금와왕은 알을 깨뜨리려고 했지만 이상하게도 깨지지 않았어. 할 수 없이 금와왕은 알을 유화에게 도로 갖다 주었지.

활 잘 쏘는 주몽, 고구려를 세우다

유화는 알을 천으로 싸서 따뜻한 곳에 두었어. 그랬더니 껍데기를 깨고 어린아이가 나왔어. 영리하게 생긴 남자아이였지. 아이는 일곱 살이 되자 활과 화살을 만들어 쏘았는데 백발백중이었단다. 그래서 아이는 주몽이란 이름으로 불렸어. 주몽은 부여 말로 '활을 잘 쏘는 사람'이라는 뜻이거든.

금와왕에게는 일곱 명의 아들이 있었어. 이들은 재주 많은 주몽을 질투하고 미워했어. 어느 날, 유화는 금와왕의 아들들이 주몽을 죽이려 한다는 것을 알고 주몽에게 도망치라고 말했어. 주몽도 왕자들이 자기를 죽이려고 한다는 것을 이미 알고 있었지.

주몽은 오이, 마리, 협보 세 사람과 함께 남쪽으로 도망을 쳤어. 도망치다가 엄시수라는 강을 만났단다. 뒤에서는 군사들이 쫓아오는데 배가 없으니 강을 건널 수가 없었어. 안타까운 마음에 주몽은 소리쳤단다.

"나는 천제와 하백의 손자다. 뒤쫓는 자들이 곧 따라붙게 되었으

니 어쩌면 좋겠는가?"

그러자 어디선가 물고기와 자라들이 모여들어 다리를 만들어 주었어. 무사히 강을 건넌 주몽은 졸본이라는 곳에 도착했단다. 주몽은 그곳에 나라를 세우고 왕이 되었어. 나라 이름은 고구려라고 했어. 그때 주몽의 나이는 스물두 살이었단다.

이 이야기는 《삼국사기》와 《삼국유사》에 나오는 고구려의 건국 이야기야. 이야기에 따르면, 주몽의 아버지는 천제의 아들, 즉 하늘의 자손인 해모수로 북부여의 왕이란다. 어머니 유화는 하백의 딸이라고 했지? 하백은 물을 다스리는 우두머리란 뜻이야. 아마 우발수의 지배자였을 거야.

그러니까 주몽은 북부여의 왕 해모수와 하백의 딸 사이에서 태어나 금와왕이 다스리던 동부여에서 살다가, 남쪽으로 내려와 고

고구려를 세운 주몽

주몽은 활을 아주 잘 쏘았어. 주몽은 부여 말로 '활을 잘 쏘는 사람'이라는 뜻이라고 해. 그런데 광개토 대왕릉비에는 주몽이 아니라 추모라고 씌어 있단다. 발음을 한자로 표기할 때, 서로 다른 한자를 썼기 때문에 생긴 일이야.

오녀산성

만주 요령성 환인에 있는 오녀산성은 고구려의 첫 도읍지로 짐작되는 곳이야. 삼면이 깎아지른 절벽이고 한 면은 깊은 골짜기라 외적이 감히 쳐들어올 수 없는 천연의 요새란다. 게다가 산 위에는 30평짜리 집을 300채나 지을 수 있는 넓은 평지와 샘물이 있어서 사람이 살기에 적당했어.

구려를 건국한 거란다.

주몽이 고구려를 세운 졸본은 압록강의 한 갈래인 동가강 근처였어. 지금의 만주 요령성 환인 지방이란다. 졸본은 산이 많은 곳이었어. 군사 요새로는 적당하지만 좋은 밭이 없어서 힘써 일해도 양식이 모자라는 곳이었지. 그래서 고구려는 건국 초기부터 평야 지대를 찾아서 주변의 나라들과 싸워 이를 정복하는 데 힘을 기울였어.

국내성 터

만주 길림성 집안에 남아 있는 국내성의 흔적이야. 나중에 평양으로 도읍을 옮길 때까지 국내성은 420여 년 동안 고구려의 수도였어. 지금은 많이 파괴되고 주변에 아파트가 들어서서 옛 모습을 알기 어렵단다.

주몽의 뒤를 이어 왕이 된 유리왕은 압록강 가에 있는 국내성으로 도읍을 옮겼어. 그 후 고구려는 주변의 여러 나라들과 싸우면서도 나라 안의 여러 제도를 갖추어 가며 발전했단다. 주변에 있는 부여, 옥저, 동예를 정복하고 압록강 일대와 만주, 한반도의 북부 지방을 아우르는 강한 나라가 되었어.

백성이 즐겁게 따른 나라, 백제

졸본에서 고구려가 건국된 직후에 남쪽의 한강 근처에서도 새로운 나라가 태어났어. 바로 백제였지. 백제를 세운 사람은 온조란다. 온조는 주몽의 아들이야.

주몽은 동부여에서 도망칠 때 임신한 아내를 두고 왔어. 도망치는 형편이니 같이 떠날 수가 없었던 거야. 주몽은 작별하면서 아내에게 만약 아들이 태어나면 아버지를 찾아오게 하라고 했어.

졸본에 온 주몽은 그곳 여자 소서노와 다시 결혼하여 비류와 온조, 두 아들을 낳았단다. 그런데 동부여에서 태어난 아들 유리가 아버지를 찾아왔어. 주몽은 유리를 태자로 삼았지. 그러자 비류와 온조는 오간, 마려 등 열 명의 신하와 따르는 백성들을 거느리고 남쪽으로 떠났어. 이들은 고생 끝에 위례성(지금의 서울)에 도착했단다. 그러고 나서 부아악이라는 산에 올라 사방을 둘러보았어. 이때 신하들이 말했단다.

"이곳은 나라를 세우기에 적당하니, 여기에 도읍을 정하는 것이 좋겠습니다."

그런데 형 비류는 미추홀에 도읍을 정하자고 했어. 미추홀은 지금의 인천이란다. 신하들이 말렸지만 비류는 미추홀로 가 버렸어. 동생 온조는 위례성에 도읍을 정하고 나라를 세웠어. 나라 이름은 '십제' 라고 했단다. '열 명의 신하가 보필한다.' 는 뜻이라고도 하고, '열 개의 강물을 건너왔다.' 는 뜻이라고도 해.

남한산성의 숭렬전
백제의 시조 온조를 모신 사당이야. 조선 시대에 세운 거야.

미추홀로 간 비류는 그곳이 바닷가라 물맛이 짜고 농사짓기에 적당하지 않아서 살기가 어렵게 되자, 후회 끝에 죽고 말았단다. 그를 따라갔던 백성들은 온조가 다스리는 위례성으로 돌아왔어. 온조는 나라 이름을 다시 '백제'라고 고쳤어. '백성들이 즐겁게 따랐다.'는 뜻이야.

온조와 비류의 이야기는 《삼국사기》와 《삼국유사》에 실려 있어. 고구려에서 갈라져 나온 세력이 남쪽으로 내려와 지금의 서울, 한강 근처에 백제를 건국했다는 사실을 알려 주는 이야기야. 온조가 백제를 세운 위례성은 지금의 서울 강동구 일대란다.

백제는 처음에 삼한 중 마한에 속한 수십 개의 작은 나라들 가운데 하나에 지나지 않았어. 그러나 이웃 나라들과 끊임없이 싸우면서 차츰 영토를 넓혀 나갔지. 맨 먼저 온조왕은 해상 교통의 요지인 인천 지역을 통합했어. '미추홀에 살던 백성들이 온조에게 왔다.'는 것은 그런 뜻이란다.

10여 년이 흐른 뒤, 백제는 지금의 서울을 중심으로 하여 북쪽으로는 예성강, 남쪽으로는 공주, 동쪽으로는 춘천, 서쪽으로는 황해에 이르는 지역을 차지한 큰 나라로 성장했단다. 특히 근초고왕은 전라도 남해안까지 영토를 넓히고, 낙동강 일대까지 세

백제 건국과 소서노

《삼국사기》에는 백제 건국에 대한 또 다른 이야기도 실려 있어. 소서노는 남편 우태가 세상을 떠난 뒤 두 아들 비류와 온조를 데리고 주몽과 다시 결혼했단다. 부유했던 소서노는 주몽이 나라를 세우는 데 큰 도움을 주었어. 그런데 주몽의 아들 유리가 태자가 되자, 비류와 온조는 소서노와 함께 남쪽으로 떠나 백제를 세웠다는 거야. 이 이야기에 따르면, 소서노는 고구려와 백제 두 나라를 세우는 데 큰 공을 세운 여성이야.

백제 돌무지무덤
고구려의 장군총과 비교해 보면 돌을 쌓아 만든 무덤 양식이 아주 비슷해. 그러고 보면 백제는 고구려에서 갈라져 나온 사람들이 세운 나라가 분명하단다. 이 무덤은 서울 송파구 석촌동에 있어.

력을 뻗쳤어.

이리하여 백제는 한반도 중부와 남부를 손에 넣고 고구려와 한바탕 대결하게 된단다.

사로국에서 신라로

지금의 경주 일대에 사로국이라는 조그만 나라가 있었어. 사로국은 진한에 속해 있는 열두 개의 작은 나라 가운데 하나였지?

경주 나정 터
나정은 박혁거세가 알에서 태어났다는 우물이야. 지금은 복원 공사 중이란다.

어느 날, 사로국의 양산촌 촌장이 나정이라는 우물가에서 흰말이 무릎을 꿇고 울고 있는 것을 보았어. 이상해서 가까이 가 보니 자줏빛 커다란 알이 있었어. 그런데 알에서 어린아이가 나오는 거야. 주몽의 탄생과 정말 비슷하지?

아이의 탄생을 신기하게 여긴 사로국 사람들은 아이가 자라 열세 살이 되자, 왕으로 받들었어. 아이가 태어난 알이 둥근 박처럼 생겼다고 해서 성을 '박'이라고 했단다. 이름은 혁거세, '세상을 밝게 한다.'는 뜻이야.

박혁거세의 이야기도 《삼국사기》와 《삼국유사》에 실려 있어. 사로국은 백제나 고구려와 마찬가지로 주변의 작은 나라들을 정복하면서 차츰 크고 강한 나라로 커 갔어. 그리고 503년 지증왕 때, 나라 이름을 '신라'로 바꾸었지. 신라라는 이름은 '덕업을 날로 새롭게 하여 사방을 망라한다[덕업일신 망라사방(德業日新 網羅四方)].'는 구절에서 따온 이름이란다.

삼국 시대는 전쟁의 시대

고구려, 백제, 신라는 모두 작은 나라로 출발하여 주변의 다른 나라들과 끊임없이 전쟁을 벌이면서 강대한 국가로 성장했어. 그래서 삼국 시대는 '전쟁의 시대' 라고

! 신라 왕의 호칭

'왕'은 중국식 호칭이야. 신라에서는 왕이란 호칭을 사용하기 전에 거서간, 차차웅, 이사금, 마립간이라는 호칭을 썼어. 'ㅇㅇ왕' 이라고 하지 않고 'ㅇㅇ 마립간', 'ㅇㅇ 이사금' 이라고 했단다.

거서간은 '밝은 태양', 차차웅은 '무당' 이란 뜻이야. 당시의 왕은 제사장을 겸한다고 했지? 제사장은 곧 무당이란다. 신과 통하는 능력을 지니고 제사를 주관하는 무당은 아무나 할 수 없고 왕이라야 할 수 있는 일로 생각했어.

이사금은 '나이 많은 사람'을 뜻해. 나이 많은 사람은 이가 많다는 데서 나온 말이란다. 남해 차차웅의 아들 유리와 사위인 탈해가 서로 왕위를 양보하다가 떡을 깨물어서 잇자국이 많이 난 유리가 먼저 왕이 되었다고 해. 마립간은 '최고 우두머리' 란 뜻이야.

그럼 신라에서는 언제부터 왕이라는 호칭을 사용했을까? 503년 지증왕 때 나라 이름을 사로국에서 신라로 바꾸면서 왕이라는 호칭도 사용하게 되었단다.

한단다. 고구려가 맨 먼저, 뒤이어 백제, 그다음에 신라가 국가로서의 틀을 갖추고 세력을 키워 나갔어.

전쟁은 땅과 사람을 동시에 얻을 수 있는 가장 빠른 지름길이었어. 땅과 사람은 농사를 생업으로 하는 당시로서는 가장 중요한 요소였거든. 기름진 땅은 농사에 더없이 좋은 곳이며, 농사를 지으려면 일할 사람이 많이 필요하지 않았겠니?

전쟁의 시대에 또 하나 중요한 것은 정복당한 나라들을 어떻게 하나로 통합하느냐, 그곳 사람들의 민심을 어떻게 잡느냐 하는 문제였어.

이 문제는 정복당한 나라의 지배층을 어떻게 처리하느냐에 달려 있었단다. 대개는 정복당한 나라의 지배층에게 적당히 높은 벼슬자리를 주어 새로운 질서에 따르게 했어. 지배층이 아닌 사람들은 평민 또는 천민이나 노예로 만들었단다.

이렇게 해서 고구려, 백제, 신라라는 세 나라가 우뚝 선 이때부터를 우리는 '삼국 시대'라고 부른단다. 삼국은 서로 치열하게 경쟁했어. 하지만 때로는 두 나라가 손잡고 다른 한 나라를 공격하기도 했단다.

철의 나라, 가야

참, 가야를 빠뜨릴 뻔했구나. 사로국이 막 성장하고 있을 무렵, 낙동강 일대의 평야 지대에도 여러 작은 나라들이 있었어. 이를 변한이라고 해. 가야의 역사는 바로 여기서 시작된단다.

당시 가야에는 아직 왕이 없고 '간'이라고 불리는 아홉 명의 대표자들이 다스리고 있던 때였어. 어느 날, 구지봉에서 이상한 소리가 났어. 그래서 아홉 간이 모두 모였는데, 모습은 보이지 않고 목소리만 계속 들렸어.

"내가 있는 곳이 어디냐?"

아홉 간이 대답했어.

"구지입니다."

"하늘이 내게 이곳에 나라를 세워 왕이 되라 하셨다. 산꼭대기를 파면서 '거북아 거북아 머리를 내밀어라. 내밀지 않으면 구워 먹겠다.'고 노래하며 춤추어라. 그럼 왕을 맞게 될 것이다."

아홉 간은 시키는 대로 노래를 부르며 춤을 췄단다. 그러자 자주색 줄이 하늘에서 내려오는 거야. 그 끝을 따라가 보니 붉은 보자기로 싼 황금 상자가 놓여 있었어. 상자 안에 뭐가 들었을 것 같니? 태양처럼 둥근 황금빛 알 여섯 개가 들어 있었단다.

그런데 12일 만에 이 알에서 어린아이가 태어났어. 세상에 처음 났다 하여 '수로'라고 이름 지었어. 수로는 왕이 되어 나라 이름을 '가야'라고 했단다. 나머지 다섯 개의 알에서 태어난 아이들도 각각 왕이 되었지. 그래서 모두 여섯 가야가 되었단다.

수로왕 이야기는 《삼국유사》에 실려 있어. 이야기에는 김해의 금

구지봉 비석
구지봉은 경상남도 김해에 있는 산이야. 수로왕의 이야기가 전해 오는 곳이란다.

고령 지산동 무덤
가야 시대 무덤이 모여 있는 곳이야. 산 위쪽으로 약 200기의 크고 작은 무덤이 있어. 경상북도 고령에 있단다.

관가야, 고령의 대가야, 함안의 아라가야, 고성의 소가야, 성주의 성산가야, 함창의 고령가야 이렇게 여섯 가야만 나오지만 실제로는 그보다 더 여러 나라가 있었다고 생각돼.

   가야가 자리 잡은 지역은 품질이 좋은 철이 많이 나는 곳이었어. 그래서 가야는 철을 수출하여 매우 부유했단다. 특히 낙동강이 바다로 흘러 들어가는 김해에 자리 잡은 금관가야는 해상 교통이 발달하여 중국과 일본에 철을 내다 팔았어. 멀리 제주도에 무역 기지를 건설하고, 일본 규슈까지 배를 타고 가서 철을 팔았지.

가야는 바다를 주름잡는 해상 강국이 되었단다. 이렇게 철을 팔아 부유해진 가야는 화려한 문화를 꽃피웠어. 가야의 문화 수준은 신라보다 훨씬 높았지.

그런데 어째서 사람들은 고구려, 백제, 신라, 가야를 '사국 시대'라고 하지 않고 가야를 빼고 '삼국 시대'라고 하는 걸까? 그 이유는 바로 여러 가야가 하나로 통일되어 강력한 나라를 이루기 전에 신라에게 정복당했기 때문이야.

가야는 초기에는 금관가야를 중심으로 뭉쳐서 신라와 싸웠어. 금관가야가 쇠약해진 다음에는 고령의 대가야를 중심으로 뭉쳐, 백제와 손잡고 신라에 맞섰단다. 그렇지만 전세는 여전히 불리했어.

562년, 신라 장군 이사부가 이끄는 군대의 공략을 받고 마침내 대가야가 무너졌어. 이때 함안의 아라가야, 고성의 소가야도 함께 멸망했단다. 500여 년 동안 지속되어 온 가야는 이를 마지막으로 역사에서 자취를 감추었어.

철로 만든 가야의 말 투구
싸움터에서 말을 보호하기 위해 씌웠지.
-부산대학교박물관

철로 만든 갑옷과 투구
이 갑옷과 투구를 쓰고 말을 탄 가야의 전사를 상상해 보렴.
-계명대학교박물관

가야의 문화

가야 사람들이 남긴 문화는 참 자유롭고 창조적이야. 가야의 유물을 보면 그런 생각이 절로 든단다. 작은 토기 하나에도 신라나 백제와는 전혀 다른 가야만의 독특한 멋이 넘쳐나. 또, 일찍부터 해상 무역을 해 온 때문일까? 중국이나 일본과 교류한 흔적도 있어.

가야의 아름다운 문화는 나라가 망한 뒤, 수많은 가야 사람들이 신라로 가게 되면서 고스란히 신라로 전해졌어. 신라의 유명한 사람들 중에는 가야가 멸망한 뒤 신라로 간 사람이나 그 후손들이 여럿 있단다. 신라의 가장 유명한 장군 하면 금방 떠오르는 김유신은 가야 왕족의 후손이야. 또, 학자로 이름을 떨친 강수, 가야금을 만든 악사 우륵 역시 가야 사람이란다.

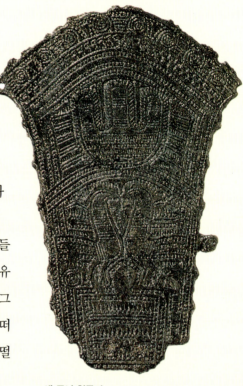

새 무늬 청동기
가운뎃부분에 새 두 마리가 새겨져 있어. 가야 사람들은 새가 죽은 사람의 영혼을 하늘로 이끈다고 여겼어. —국립중앙박물관

삼각 구멍 무늬 잔 —국립김해박물관

삼각 구멍 무늬 잔을 분리한 모습

수레바퀴 모양 토기
-국립진주박물관

짚신 모양 토기
-부산시립박물관

오리 모양 토기
-국립중앙박물관

말 탄 무사 모양 토기
-국립경주박물관

새 모양 토기
-복천박물관

동북아시아를 주름잡은 파워 고구려

427년

광개토 대왕은 용감하고 전략이 뛰어난 장군이기도 했어.
그는 직접 군대를 이끌고 싸움터를 누볐단다.
그래서 그가 온다는 소문만 듣고도 적군은 싸우기를 포기할 만큼 용맹이 대단했어.
그는 백제를 공격하여 임진강 일대를 손에 넣고, 그다음에는 북쪽으로 화살을 돌려 거란을 공격했어.
그리고 서북쪽으로 나아가 중국의 산서성까지 진출했단다.

기원전 70만 년경
구석기 시대
돌로 도구를 만듦

기원전 8000년경
신석기 시대
흙으로 토기를 만들고, 농사짓기 시작

기원전 2300년경
고조선 건국
단군왕검의 건국 이야기

기원전 1000년경
청동기 시대
청동검, 청동 거울 만듦

오늘은 고구려의 호동 왕자와 낙랑국의 낙랑 공주 이야기로 시작해 볼까?

호동 왕자와 낙랑 공주는 서로 사랑하는 사이었어.

그런데 호동 왕자의 아버지 대무신왕은 낙랑국을 공격하고 싶었지만

낙랑국에 있는 자명고와 뿔피리 때문에 망설이고 있었어.

자명고라는 북과 뿔피리는 적군이 나타나면 저절로 울리는 신기한 보물이었지.

호동 왕자는 망설이는 대무신왕을 보고 낙랑 공주에게 편지를 썼단다.

자기가 군사를 끌고 갈 테니 자명고가 울지 않게 해 달라고.

편지를 받은 낙랑 공주의 심정이 어땠을까?

왕자의 부탁을 들어주자니 나라가 위태롭고, 거절하자니 왕자의 목숨이 위태롭고…….

낙랑 공주는 고민 끝에 무기 창고로 몰래 들어가서

자명고를 칼로 찢고 뿔피리도 망가뜨렸어. 이윽고 고구려의 공격이 시작되었어.

자명고와 뿔피리가 망가진 것을 안 낙랑왕 최리는 그만 공주를 단칼에 베어 버리고 말았지.

이 이야기는 고구려가 끊임없이 이웃 나라들과 전쟁을 벌이면서

영토를 넓혀 가던 때의 이야기란다.

그럼, 고구려가 어떻게 영토를 넓혀 갔는지 좀 더 알아보자.

기원전 400년경
철기 시대
철제 무기, 철제 농기구 사용

기원전 37년경
고구려 건국
주몽, 졸본에 고구려 세움

427년
고구려 평양으로 수도 옮김

● 호동 왕자와 낙랑 공주의 이야기가 있었던 당시는 나라와 나라 사이에 끊임없이 전쟁이 벌어지던 시절이야. 전쟁에서 이겨 영토를 넓히고 백성의 수를 늘리는 것이 곧 국력을 키우고 부강을 이루는 일이었어. 낙랑 공주는 고구려가 이웃 나라들을 정복해 가는 과정에서 희생된 거란다. 어디 낙랑 공주뿐이었겠니? 이름은 남아 있지 않지만, 그와 비슷한 비극의 주인공들이 참 많았을 거야.

비록 승리를 거두긴 했어도, 호동 왕자의 마음은 몹시 아프지 않았을까? 그래서인지 낙랑 공주가 죽은 지 몇 달 뒤, 호동 왕자도 비극적인 죽음을 맞게 된단다. 계모인 왕비가 자신이 낳은 아들이 호동 왕자에게 밀려나 태자가 되지 못할까 봐 모함을 했거든. 호동 왕자는 변명 한마디 하지 않고 스스로 목숨을 끊고 말았어. 호동 왕자는 자기 때문에 목숨을 잃은 낙랑

낙랑국

낙랑국은 어떤 나라일까? 중국의 한나라가 고조선을 무너뜨리고 세운 한4군 가운데 하나인 낙랑군을 말하는 걸까? 이름은 비슷하지만, 한4군 중의 하나인 낙랑군이 아니라 다른 나라라고 학자들은 말하고 있어. 아마도 낙랑군에서 떨어져 나온 소국이라고 생각돼.

공주 곁으로 가고 싶었던 걸까?

동북아시아를 제패한 광개토 대왕

호동 왕자와 낙랑 공주의 가슴 아픈 사랑이 있은 지 약 400년 뒤, 꾸준히 힘을 키운 고구려는 동북아시아를 주름잡는 강대국이 되었어. 임진강에서부터 만주에 이르는 드넓은 영토가 모두 고구려의 것이 되었단다. 이때 고구려를 다스린 왕이 바로 광개토 대왕이야.

지금 만주 길림성 집안현 태왕향 구화리에는 광개토 대왕릉비가 서 있단다. 이곳은 고구려의 수도 국내성이 있던 곳이야. 고구려는 주몽의 아들 유리왕 때 도읍을 졸본에서 국내성으로 옮겼어. 국내성은 산이 깊고 험하여 외적을 막기에 유리할 뿐만 아니라 사슴, 순록, 물고기, 자라가 많이 나며 농사짓기에 알맞은 곳이었단다.

광개토 대왕릉비는 '호태왕비'라고도 하는데, 이 비석은 414년, 광개토 대왕의 아들 장수왕이 아버지의 업적을 기리면서 만들었어.

우리가 보통 부르는 광개토 대왕은 시호인데, '국강상광개토경평안호태왕'을 줄여서 광개토 대왕이라고 해. 시호가 뭐냐고? 시호는 왕이 죽은 뒤에 붙여 주는 이름을 말한단다. 그럼 광개토 대왕의 진짜 이름은 뭐

광개토 대왕릉비
거대한 천연 화강암에 4면 가득히 1,775자의 한자를 새겨 놓은 비석이야. 화강암을 다듬지 않고 그대로 썼기 때문에 비석의 표면이 울퉁불퉁하단다. 비석의 높이는 자그마치 6.4미터. 세운이 키의 4배가 넘는구나. 무게는 37톤이라니 얼마나 큰지 상상해 보렴.

고구려의 산성하 무덤
만주 길림성 집안에 있는 고구려 무덤이야. 무려 1,500기가 넘는 무덤들이 넓은 들판을 가득 메우고 있어. 뒤쪽 산을 오르면 환도산성이 있단다. 그래서 산성 밑에 있다는 뜻으로 산성하 무덤이라고 불러.

였을까? '담덕'이었어.

광개토 대왕이 태자로 있을 때, 아버지 고국양왕은 보검을 주면서 말했단다.

"이 보검은 우리 고구려의 시조인 주몽왕 때부터 보배로 전해 내려온 칼이다. 이 보검을 소중히 간직하여 나라를 이어갈 기량을 닦는 데 조금도 소홀함이 없도록 하라."

태자 담덕은 아버지가 세상을 떠나자 왕위에 올랐어. 392년, 담덕의 나이 열여덟 살 때였지. 그 무렵 중국은 여러 나라로 갈라져 싸우고 있었기 때문에 고구려에 신경을 쓸 틈이 없었단다. 광개토 대왕은 이 틈을 타서 영토를 늘리는 데 온 힘을 기울였어.

우선 남쪽에 있는 백제부터 공격했지. 광개토 대왕은 용감하고

태왕릉
광개토 대왕릉비가 있으니 당연히 근처에 왕릉도 있어야겠지? 그런데 광개토 대왕릉이 어디인지는 아직 정확히 모른단다. 태왕릉이라는 주장도 있고, 장군총이라는 주장도 있어. 태왕릉은 돌을 쌓아 만든 돌무지무덤인데 한 변의 길이가 66미터나 돼. 멀리서 보면 무덤이라기보다 산 같아.

전략이 뛰어난 장군이기도 했어. 그는 직접 군대를 이끌고 싸움터를 누볐단다. 그가 온다는 소문만 듣고도 적군은 싸우기를 포기할 만큼 용맹이 대단했어.

그는 백제를 공격하여 임진강 일대를 손에 넣고, 그다음에는 북쪽으로 화살을 돌려 거란을 공격했어. 그리고 서북쪽으로 나아가 중국의 산서성까지 진출했단다.

고구려의 팽창에 위협을 느낀 중국의 후연은 광개토 대왕이 신라 원정을 나선 틈을 타서 고구려를 공격해 왔어. 그러자 광개토 대왕은 요하를 건너 후연으로 쳐들어가서 숙군성을 함락시켰단다. 이곳은 옛날 고조선의 영토였어. 고조선이 한나라에게 빼앗겼던 요동과 요서 지방을 700년 만에 되찾은 거란다. 그뿐 아니라 광개토 대왕은 부여와 말갈까지 손에 넣었어.

이렇게 해서 고구려는 북으로는 만주의 흑룡강, 남으로는 서울 근처의 임진강, 동으로는 러시아의 연해주, 서로는 요하까지 아우르는 강력한 나라가 되었어. 당시 고구려는 동북아시아 지방에서 최고의 패자였단다.

광개토 대왕은 왕이 된 뒤 20여 년 동안 전쟁

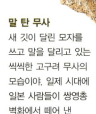

말 탄 무사
새 깃이 달린 모자를 쓰고 말을 달리고 있는 씩씩한 고구려 무사의 모습이야. 일제 시대에 일본 사람들이 쌍영총 벽화에서 떼어 낸 조각이란다.
—국립중앙박물관

터에서 살다시피 하다가 서른아홉 살의 젊은 나이에 세상을 떠났단다.

백제를 밀어낸 장수왕

광개토 대왕의 뒤를 이은 장수왕은 압록강 가의 국내성에서 대동강 가에 있는 지금의 평양으로 수도를 옮겼어. 그는 아버지가 넓혀 놓은 영토를 잘 다스리기 위해 정치를 안정시키는 데 힘을 쏟았어. 중국의 여러 나라에 사신을 보내 외교를 맺는 데도 힘을 기울였지.

그런 다음 백제를 공격했단다. 그때 백제의 왕은 개로왕이었어. 고구려의 공격을 받고 백제는 500년 가까이 지켜 오던 한성과 한강을 잃어버리고 남쪽 웅진(지금의 충청남도 공주)으로 수도를 옮겨야 했어.

한강을 잃어버린 것은 삼국의 경쟁에서 주도권을 잃어버린 거나 마찬가지였단다. 나중에 다시 얘기하겠지만, 한강은 교통의 요지로서 중국과 통할 수 있는 길이었기 때문에 이곳을 어느 나라가 차지하느냐에 따라 경쟁의 승패가 갈렸어.

거란

몽골족의 한 갈래로 요하 상류 일대에 살던 유목민이야. 907년 나라를 세우고 이름을 '요'라고 했어. 고려 때 우리나라에 침입해 왔으나 강감찬, 서희 등의 활약으로 물리쳤단다.

전성기를 맞은 5세기 고구려

아무튼 이제 한강의 주인은 백제에서 고구려로 바뀌었고, 한강을 차지한 고구려는 가장 넓은 영토를 가진 전성기를 맞았어. 장수왕은 아버지와 달리 오래 살았어. 아흔여덟 살에 세상을 떠났단다.

한편 백제와 신라는 무시무시한 고구려 앞에서 살아남기 위해 동맹을 맺었어. 이 동맹을 신라의 '라'와 백제의 '제'를 따서 '나제 동맹'이라고 해.

그런데 약 100년 뒤에는 한강의 주인이 고구려에서 신라로 다시 바뀌게 돼. 이렇게 한강을 둘러싸고 치열한 경쟁을 벌인 것은 한강을 차지해야 그 나라의 전성기를 맞이할 수 있었기 때문이야.

중원 고구려비
광개토 대왕의 아들 장수왕 때 세운 비석이야. 5세기에 고구려의 영토가 남한강 일대까지 미쳤다는 것을 알려 주지. 충청북도 중원에서 발견되었기 때문에 중원 고구려비라고 부른단다.

살수대첩과 안시성 싸움

고구려는 중국의 수나라, 당나라와 약 70년에 걸쳐 연거푸 큰 전쟁을 치렀단다. 수나라와 당나라는 중국을 통일한 강대국이었어. 만약 고구려가 패했더라면 어떻게 되었을까? 아마 한반도는 중국의 영토가 되었을지도 몰라.

612년 여름, 수나라 양제는 백만 대군을 이끌고 고구려로 쳐들어왔어. 고구려 장군 을지문덕은 적군을 피로하게 만들기 위해 일부러 지는 척하면서 자꾸 후퇴를 했어. 뒤따라온 수나라군이 평양성 근처까지 도착했을 때, 을지문덕은 적장 우중문에게 시를 한 수 지어 보냈단다.

살수대첩
수나라의 백만 대군도
고구려를 무너뜨릴 수는 없었어.

갑옷을 입은 고구려 병사들
무덤 벽화에 그려져 있는 고구려 병사의 모습이야. 온몸에 갑옷을 두르고 투구를 쓰고 있네. 수나라와 당나라를 물리친 고구려 병사, 꽤 늠름하지?

귀신 같은 책략은 천문을 꿰뚫고
절묘한 계략은 지리를 통달했도다
싸워 이긴 공이 이미 높으니
족함을 알고 그치기를 바라노라

지쳐 있던 수나라 군대와 적장 우중문은 이 시를 보고 체면이 섰다는 듯이 철수를 시작했어. 그래서 수나라 군대가 살수(지금의 청천강)를 반쯤 건넜을 때, 고구려군은 수나라군의 뒤를 들이쳤어. 강물은 순식간에 피로 물들고, 수나라 군대는 전멸하다시피 했단다. 이 싸움을 살수대첩이라고 해. 수 양제는 그 뒤로도 몇 번 더 고구려를 공격했지만 모두 실패했고, 이 때문에 전쟁에 시달린 백성들의 원성만 높아졌어. 결국 수나라는 망하고, 당나라가 들어섰단다. 살수대첩이 있은 지 33년 뒤인 645년, 이번에는 당나라 태종이

*大 큰 대
捷 이길 첩

10만 대군을 이끌고 고구려를 공격해 왔어. 당나라 군대는 요동 반도에 자리 잡고 있던 안시성을 포위했단다. 안시성은 작은 성이지만 매우 중요한 곳이었어. 이곳을 빼앗기면 요동은 완전히 당나라의 수중에 들어가게 되거든.

그러나 안시성은 호락호락 넘어가지 않았어. 성주 양만춘의 지휘 아래 성안의 백성들과 군사들은 한마음 한뜻이 되어 싸웠단다. 당 태종은 별별 수단을 다 써 보았지만 번번이 실패했어. 당 태종은 할 수 없이 퇴각 명령을 내렸단다. 마침내 88일 만에, 안시성을 지키던 고구려군은 승리를 거두었어.

❗ 을지문덕과 양만춘

을지문덕은 살수대첩 이후로 역사책에 전혀 등장하지 않아. 전쟁 뒤에 갑자기 죽었기 때문이라고도 하는데, 정확한 것은 알 수 없단다. 또 양만춘은 역사책에 그 이름조차 제대로 기록되어 있지 않아. 《삼국사기》에는 안시성 성주의 이름을 모른다고 씌어 있단다. 오늘날 우리가 양만춘을 알게 된 것은 조선 시대의 학자 박지원이 쓴 《열하일기》와 송준길이 쓴 《동춘당선생별집》에 그 이름이 기록되어 있는 덕분이야. 아마도 양만춘의 이름은 사람들의 입에서 입으로 전해졌던 것 같아. 양만춘이 화살로 당나라 태종의 눈을 쏘아 맞혔다는 이야기도 전해 온다.

안시성 싸움 기록화 -전쟁기념관

광개토 대왕릉비의 수수께끼

일본의 역사학자들 가운데는 '임나일본부'를 주장하는 사람들이 있단다. 일본이 4세기 후반부터 6세기 중엽까지 한반도 남부의 가야 지방에 진출하여 일본부를 두고 백제, 신라까지 지배했다는 주장이야. 그리고 그 증거로 광개토 대왕릉비의 한 구절을 들고 있어. 한자가 조금 어렵겠지만, 천천히 읽어 보자.

倭以辛卯年來渡海破百殘□□□羅以爲臣民
왜이신묘년래도해파백잔□□□라이위신민

중간에 빠진 글자들이 있지? 이 글자들은 지워져서 잘 보이지 않는 글자들이야. 이 보이지 않는 글자가 과연 무엇인가, 그리고 '도해파(渡海破)'를 어떻게 해석할 것인가에 따라 비문의 풀이가 달라진단다.

일본 학자들은 '왜(일본)가 신묘년(391년)에 바다를 건너와 백제와 신라를 격파하여 신하로 삼았다.'고 자기들에게 유리하게 해석하고 있어. 이것이야말로 임나일본부의 결정적인 증

광개토 대왕릉비 탁본

거라면서 말야.

하지만 당시 일본에는 아직 나라라고 할 만한 강력한 세력이 없었고, 백제와 신라는 일본보다 월등히 앞서 있었어. 따라서 일본 학자들의 해석은 당시의 현실에 맞지 않아.

그래서 비문의 이 부분이 일제 시대에 일본 사람에 의해 위조되었다는 주장까지 나왔어.

더 중요한 것은, 임나일본부는 일제 시대에 일본이 침략을 정당화하기 위해 내놓은 주장이라는 사실이야.

광개토 대왕릉비의 현재 모습
비석을 보호하기 위해 비각을 세우고 유리문을 달았어.

까마득한 옛날부터 일본의 지배를 받았으니 식민지가 된 건 당연한 일이라고 주장한 것이지. 임나일본부는 지금도 일본의 몇몇 교과서에 실려 있고, 광개토 대왕릉비의 수수께끼는 아직도 풀리지 않은 채로 남아 있단다.

세련된 문화의 나라, 백제 525년

드넓은 평야에서 거둬들이는 풍성한 곡식은 사람들에게 풍족한 생활을 안겨 주었어.
옛날이나 지금이나 풍족하고 여유로운 생활은 문화와 예술을 꽃피우는
밑거름이 된단다. 백제의 우아하고 세련된 문화는 백제의 자연환경과
넉넉한 살림살이가 낳은 열매라고 할 수 있어.
또, 활발한 해외 교류는 백제의 문화를 삼국 중 단연 앞서게 해 주었지.

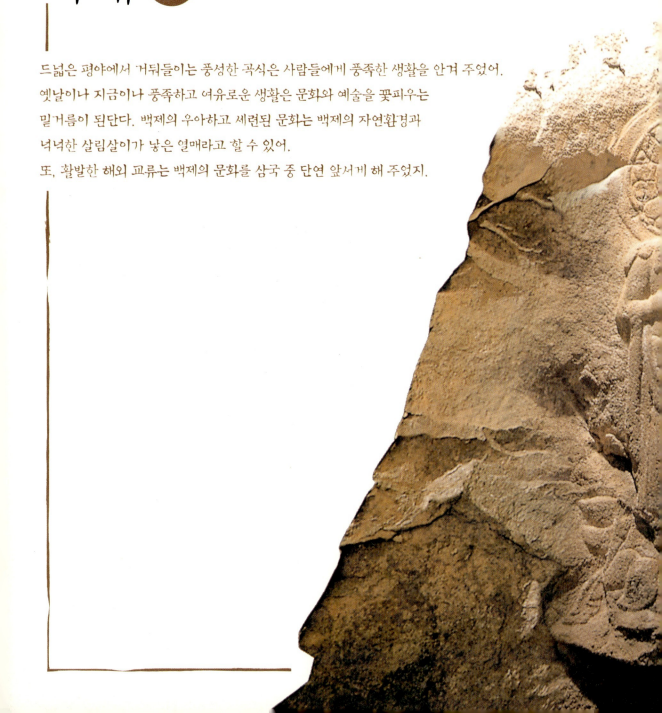

427년
고구려
평양으로 수도 옮김

475년
백제 웅진으로 수도 옮김

527년
신라
이차돈의 죽음과 불교 공인

백제 하면 사람들은 곧 부여나 공주를 떠올린단다.

부여와 공주, 둘 다 백제의 수도였기 때문이야.

공주는 63년 동안, 그리고 부여는 122년 동안 백제의 수도였어.

그런데 공주와 부여보다 훨씬 오랫동안 백제의 수도였던 곳이 있어.

바로 서울이야.

서울은 백제가 건국되었을 때부터 493년 동안 수도였어.

그런데 그 493년 동안의 백제 역사는 신비에 싸여 알려져 있는 것이 별로 없어.

그러니까 지금 우리는 전체 백제 역사 중에

4분의 3을 잃어버린 채 나머지 4분의 1밖에 모르는 셈이야.

지난번 편지에서 얘기했듯이, 5세기 무렵 고구려는

동북아시아 최고의 강국이 되어 건국 이래

가장 넓은 영토를 자랑하면서 기염을 토하고 있었어.

그런데 고구려의 라이벌 백제도 만만치 않은 기세를 올리고 있었지.

오늘은 백제가 수도 서울을 버리고 남쪽으로 밀려나는 때로 가 보자.

475년, 고구려 장수왕이 백제의 수도를 공격하는 순간으로 말야.

631년 고구려
천리장성 만듦

676년 신라
한반도의 중남부 통일

751년 신라
불국사와 석굴암 건립

818년 발해
선왕 즉위. 전성기를 맞아 해동성국이라 불림

● 고구려의 장수왕은 그동안 늦춰 왔던 백제 공격을 더는 미룰 수 없다고 결심했어. 백제의 개로왕이 중국의 북위에 편지를 보내 고구려를 치는 데 군사를 보내 도와 달라고 청했다는 소식이 들려왔기 때문이야. 장수왕은 곧 백제 공격을 시작했어. 이때가 475년, 장수왕의 나이 여든두 살 때였어.

기세 좋게 밀어닥치는 고구려군 앞에서 백제는 힘이 부쳤어. 마침내 고구려군은 백제의 수도 한성을 포위했단다. 한성은 남성과 북성으로 이루어져 있었어. 7일 만에 북성이 함락되고 말았지. 개로왕은 포위당하기 직전, 동생을 동맹국 신라로 보내 구원을 청하게 했단다.

백제와 신라가 나제 동맹을 맺고 고구려의 침략이 있으면 서로 돕자고 약속했던 건 너도 알고 있지?

그런데 신라의 구원군이 미처 도착하기도 전에, 남성은 고

북위
선비족이 세운 나라로, 386년부터 534년까지 중국 북부 지역에 자리 잡고 있었어.

구려군의 수중에 떨어지고 말았어. 사로잡힌 개로왕은 아차산성으로 끌려가 거기서 죽음을 당했단다. 왕비와 왕자들도 모조리 죽음을 당했어. 장수왕은 백제 사람 8천여 명을 포로로 이끌고 유유히 고구려로 돌아갔지. 뒤늦게 도착한 개로왕의 동생은 사태를 수습하기 위해 서둘러 왕위에 올랐어. 바로 문주왕이란다. 문주왕은 수도를 멀리 남쪽에 있는 웅진으로 옮겼어. 웅진은 바로 우리가 잘 알고 있는 충청남도 공주란다.

청동 자루솥
풍납토성에서 나온 유물이야. 다리가 셋 달리고 긴 손잡이에 용머리 장식이 있구나. 술 같은 액체를 데우는 데 썼단다. 초두라고도 해. —국립중앙박물관

한성 백제의 수도를 찾아라

고구려에게 함락당한 한성은 서울의 한강 근처에 자리 잡고 있었어. 그런데 백제의 시조 온조가 도읍한 곳은 위례성이라고 했지? 그럼 위례성과 한성은 같은 곳일까, 아니면 전혀 다른 곳일까? 여러 가지 주장이 있지만, 위례성과 한성은 같은 곳이라고 생각돼.

그럼, 한성 또는 위례성은 한강 근처 어디에 있었을까? 서울 송파구의 올림픽 공원에 있는 몽촌토성이라고도 하고, 그보다 약간 북쪽에 있는 풍납

풍납토성
몽촌토성과 함께 백제 최초의 도읍지로 생각되는 곳이야. 서울 송파구 풍납동에서 아파트를 지으려고 땅을 파다가 수많은 유물과 유적이 발견되었어. 풍납토성은 높이 9미터, 전체 길이가 4킬로미터란다.

토성이라고도 해. 경기도 하남에 있는 이성산성이라는 주장도 있어. 또 7일 만에 함락된 북성은 풍납토성이고, 개로왕이 잡힌 남성은 몽촌토성이라고도 해.

500여 년 동안 수도였던 곳의 위치조차 확실히 알 수 없다니, 백제의 역사가 신비에 싸여 있다고 한 엄마 말, 이해할 수 있겠지? 어쨌든 개로왕이 죽고 한성이 함락됨으로써 백제는 한강 일대를 잃어버리게 되었어.

한강은 그동안 백제의 젖줄로서 백제가 번영하는 데 아주 중요한 역할을 해 왔는데, 한강을 잃어버린 건 너무나 큰 타격이었단다.

몽촌토성과 몽촌토성 목책
몽촌토성은 자연 그대로의 언덕을 이용하여 흙을 6, 7미터 높이로 쌓아 올린 성이야. 거기다가 굵직한 나무 울타리인 목책을 두르고, 또 해자(성 밖을 둘러 땅을 파고 물을 채운 것)를 만들어 방비를 튼튼히 했어. 아래의 목책은 최근에 복원한 것이고, 원래의 목책은 자리만 남아 있단다.

개로왕은 정말 폭군이었을까?

백제의 수도가 함락당한 것은 개로왕이 정치를 잘못한 데다가 탐욕스럽고 포악했기 때문이라고 알려져 있어. 《삼국사기》는 그 증거로 '도미 부인 이야기'와 '도림 이야

아차산성
고구려군에게 사로잡힌 개로왕은 이곳 아차산성에서 죽음을 당했어. 서울 광진구 아차산에 산성의 흔적이 남아 있어.

아차산성에서 발굴된 고구려 토기
백제의 수도 한성을 함락시킨 고구려는 아차산에 군사들을 주둔시켰어. 아차산은 그후 약 80년 동안 고구려의 최전방 기지였지. 그래서 아차산성에서는 고구려 유물들이 많이 발굴된단다.

서울대학교박물관

국립중앙박물관

기'를 싣고 있단다.

도미 부인은 아름답기로 소문난 여자였어. 소문을 듣고 몹시 탐이 난 개로왕은 남편 도미를 불러다가 괴롭힌 끝에 두 눈을 뽑아 버리고 내쫓았단다. 그러나 도미 부인은 꾀를 내어 개로왕을 피해 달아났어. 그리고 남편을 찾아내 멀리 고구려로 도망가서 살았다고 해.

그리고 도림은 고구려의 승려인데 바둑을 아주 잘 두었어. 장수왕은 도림을 첩자로 보내 개로왕에게 접근하게 했단다. 바둑을 무척 좋아하는 개로왕은 도림과 날마다 바둑을 두며 나라 일을 게을리 했어.

도림은 개로왕을 부추겼단다. 궁

궐이 너무 초라하여 왕의 위엄이 서지 않으니 장엄하게 새로 지으라고. 개로왕은 그 말대로 궁궐 짓는 공사를 벌인 끝에 민심을 잃었다고 해.

장수왕은 그 틈을 타서 백제를 공격했고, 결국 개로왕은 나라와 목숨 둘 다 잃게 되었다는 이야기란다.

| 백제의 전성기와 해외 교류 |

두 편의 이야기에서 개로왕은 무능하고 욕심 사납기만 한 왕으로 그려져 있어. 그러나 실제의 개로왕은 그렇게 무능하거나 포악한 왕이 아니었단다.

개로왕은 야심만만한 인물로서 강력한 왕권을 세우려고 했어. 중국, 일본과 외교를 두텁게 하는 한편, 왕 중심의 정치를 밀고 나갔지.

왕을 중심으로 한 강력한 정치를 펼치다 보니 반대파가 생겼어. 개로왕을 사로잡는 데 앞장섰던 재증걸루, 고이만년은 원래 백제 사람이었는데 고구려로 넘어간 사람들이란다. 아마 개로왕의 정책에 불만을 품었던 반대파가 아니었을까?

도미 부인 이야기와 도림 이야기는 개로왕이 죽은 뒤에, 그를 헐

편없는 왕이었다고 깎아내리기 위해서 실제보다 부풀리거나 덧붙여진 이야기라고 생각되는구나.

세련된 문화는 넉넉한 살림이 낳은 열매

백제는 세련된 문화의 나라란다. 삼국 중 가장 우아하고 기품 있는 문화유산을 남겼어.

서산 마애 삼존불
환하게 웃고 있는 세 부처님은 '백제의 미소'라고 불리는 서산 마애 삼존불이야. 백제에서 중국으로 가는 길목에 자리 잡은 충남 서산의 한 골짜기에 있어. 마애불이란 바위에 새긴 부처를 말해. 백제 사람들은 이 부처님의 밝은 웃음을 닮았을까? —국립부여박물관

백제는 삼국 중에서 가장 넓은 평야 지대를 갖고 있기도 했어. 또, 황해는 중국, 일본과 사귈 수 있는 좋은 통로였단다.

넓은 평야를 가진 백제는 일찍부터 농업, 특히 벼농사가 발달했어. 벼농사에 필수적인 수리 시설도 발달했지. 둑을 쌓아 저수지를 만들어 물을 가둬 두었다가 필요할 때 썼단다. 날씨를 살피는 천문 기상학도 발달했어.

드넓은 평야에서 거둬들이는 풍성한 곡식은 사람들에게 풍족한 생활을 안겨 주었어. 옛날이나 지금이나 풍족하고 여유로운 생활은 문화와 예술을 꽃피우는 밑거름이 된단다. 백제의 우아하고 세련된 문화는 백제의 자연환경과 넉넉한 살림살이가 낳은 열매라고 할 수 있어.

또, 활발한 해외 교류는 백제의 문화를 삼국 중 단연 앞서게 해 주었지. 백제는 일찍부터 중국의 여러 나라들과 사귀면서 중국의 문화를 받아들였어. 그래서인지 백제의 문화는 국제적인 것이 특징이야.

백제는 중국에서 불교를 받아들여 불교문화를 꽃피웠어. 뿐만 아니라 유교도 받아들여 유교 경전에 통달한 학자들을 길러 냈단다. 이 학자들을 오경박사라고 해. 박사 1호는 고흥. 그는 왕명을 받고 최초의 백제 역사책인 《서기》를 썼단다.

《서기》는 책 제목이 아니라 그저 '기록을 남겼다.'는 뜻일 뿐이라는 주장도 있어. 하지만 《서기》가 책 제목이 아니라고 해도 근초고왕 때의 학자였던 고흥이 백제의 역사를 쓴 것만은 틀림없다고 생각되는구나.

박사에는 오경박사 외에도 여러 기술 분야의 박사들이 있었어. 기와 만드는 기술자는 와박사, 금속 공예품을 만드는 기술자는 노반박사라고 했단다. 노반박사였던 백매순이란 사람은 일본에 건너가 활약했어.

절을 짓는 전문 기술자도 따로 있었어. 이를 조사공 또는 사공이라고 했어. 불상을 만드는 기술자는 조불공, 그림 그리는 사람은 화공이라고 했단다.

무늬 벽돌
네모난 벽돌에 신선이 사는 아름다운 경치를 새겨 놓았어. 충청남도 부여에서 발견되었지.
—국립부여박물관

근초고왕

백제의 13대 왕으로, 346년부터 375년까지 백제를 다스렸어. 고구려의 광개토 대왕에 비길 만한 정복 왕으로, 남쪽으로는 마한을 정복하여 백제의 영토를 전라도 지역까지 넓혔으며, 북쪽으로는 평양 근처까지 진격하여 고구려의 고국원왕을 전사시켰단다.

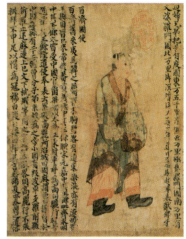

중국에 간 백제 사신
위 그림은 6세기에 그린 《양직공도》에 나오는 백제 사신의 모습이야. 백제뿐 아니라 고구려, 신라도 중국과 활발히 교류했어. 왼쪽은 7세기에 그린 《왕회도》에 나오는 삼국 사신의 모습이지. 맨 왼쪽부터 고구려, 백제, 신라 사신이란다.

닭 머리 모양 주전자
백제의 수도였던 웅진에서 발굴되었어. ─국립중앙박물관

　백제의 이름난 기술자들은 다른 나라로 초청을 받아 갔어. 신라의 황룡사 9층탑은 백제의 기술자 아비지를 초청하여 만든 것이란다. 석가탑과 다보탑도 백제의 기술자 아사달이 만들었지. 백제의 학자들과 승려들, 기술자들은 일본에도 건너가 백제의 발달된 문화와 예술을 전해 주었어.

부활하는 백제

백제는 수도를 웅진으로 옮긴 다음, 재기를 위해 차근차근 힘을 길렀어. 비록 한성이 잿더미로 변하고 왕까지 죽긴 했지만, 백제가 완전히 쓰러진 건 아니었어. 그로부터 26년 뒤, 마침내 백제는 예전의 활기를 되찾았단다. 그때 백제를 다스린 왕은 무령왕과 그 아들 성왕이었어.

무령왕은 훤칠하게 큰 키에 성품이 너그러워 민심을 많이 얻었단다. 그는 정치를 안정시키고, 전쟁과 굶주림을 못 이겨 도망쳤던 농민들이 안심하고 돌아와 농사를 짓도록 해 주었어.

무령왕의 뒤를 이은 성왕은 사비성으로 수도를 옮겼단다. 사비성은 우리가 잘 알고 있는 충청남도 부여야. 수도를 옮기고 나라를 새롭게 정비한 성왕은 오랜 숙원을 풀기 위해 고구려 공격에 나섰어. 성왕의 숙원은 잃어버린 한강을 되찾는 것이었지.

성왕은 신라의 진흥왕과 연합군을 만들어 고구려를 공격한 끝에 한강 일대를 되찾았단다. 개로왕 때 잃어버린 후 70여 년 만이었어.

하지만 기쁨은 잠시뿐, 백제는 이번엔 신라에게 한강을 빼앗기게 돼. 어떻게 해서 신라에게 빼앗겼냐고? 그 얘긴 따로 기회가 있을 테니 그때 자세히 들려주마.

금동 대향로
향을 피우고 뚜껑을 닫으면 뚜껑 사이사이의 틈으로 향이 스며 나온단다. 백제 사람들은 향을 피우면 나쁜 냄새가 사라질 뿐만 아니라, 피우는 사람의 정성이 신에게 전달된다고 믿었어. 백제의 예술 수준을 알게 해 주는 훌륭한 작품이야.
—국립부여박물관

복원한 무령왕릉 무덤방

잠시 주춤했던 백제는 무왕 때 다시 힘을 되찾았어. 성왕과 무왕 때, 백제는 무르익은 세련된 문화, 그리고 강력한 힘을 동시에 자랑했단다. 그러나 무왕의 아들 의자왕에 이르러 신라와 당나라 연합군의 공격을 받고 그만 멸망하게 돼.

처음 발견되었을 때의 무령왕릉
무령왕릉은 1971년 7월 처음 발견되었어. 1,500여 년 만에 세상에 모습을 드러냈지. 무덤 입구에 들어서자 돌짐승이 길을 막고 지키고 있었어. 그 앞에는 네모난 지석 두 개가 나란히 놓여 있고, 그 위에 동전 꾸러미가 있었단다. 돌로 만든 지석에는 이 무덤의 주인이 무령왕과 왕비라는 글이 새겨져 있었어. 동전 꾸러미는 아마도 저승에 갈 때 노잣돈으로 쓰라고 넣어 두었나 봐.

❗ 거대한 독무덤은 누가 만들었을까?

영산강이 흐르는 전라남도 나주 영암에서는 거대한 항아리 두 개를 맞물리게 하여 만든 독무덤이 많이 발견되고 있어. 이 무덤은 백제인이 만든 무덤이 아니야. 백제인은 고구려인들처럼 돌을 쌓아 무덤을 만들었어. 그럼 이 거대한 독무덤은 누가 만들었을까? 백제는 한강 근처에서 시작하여 남쪽으로 내려가면서 세력을 뻗어 갔어. 나주, 영암 일대까지 내려간 건 4세기 무렵 근초고왕 때란다. 그렇다면 거대한 독무덤은 백제의 세력이 뻗어 오기 전, 원래 살고 있던 사람들이 만들었다고 봐야겠지? 그 사람들은 누구일까? 바로 마한 사람들이란다. 영산강 일대는 마한의 고유문화가 최후까지 남아 있던 곳이야. 뿐만 아니라 이곳에 살았던 사람들은 일본과도 교류했단다. 무덤에 껴묻은 토기를 보면 일본 것과 퍽 비슷해.

독무덤
영산강 일대에서 발견된 독무덤이야.

무왕과 선화 공주

백제 무왕은 왕이 되기 전, 마를 캐다 팔아 홀어머니와 근근이 살아가는 가난뱅이였어. 그래서 '마 캐는 아이' 라는 뜻으로 서동이라 불렸어. 마는 감자 비슷한 거야.
서동은 신라 진평왕의 셋째 딸 선화 공주가 매우 예쁘다는 소문을 듣고 신라로 가 아이들에게 마를 공짜로 나눠 주면서 노래를 가르쳤지. 아이들의 입에서 입으로 전해진 노래는 선화 공주가 밤마다 몰래 서동과 만난다는 내용이었어.

부여 궁남지
백제 무왕 때 만든 연못이야. '궁의 남쪽 연못' 이라는 뜻으로 궁남지라고 부르는데, 백제의 세련된 문화가 살아 숨 쉬는 멋진 연못이란다.

> 선화 공주님은 남몰래 시집가서
> 서동방을 밤이면 몰래 안고 간다

노래를 들은 진평왕은 노발대발하여 선화 공주를 귀양 보냈어. 귀양길에서 기다리고 있던 서동은 공주에게 사실을 털어놓고 같이 백제로 갔단다.
이 이야기는 《삼국유사》에 실려 있어. 그런데 생각해 볼 점이 있단다. 선화 공주가 진평왕의 셋째 딸이라면 그 유명한 선덕 여왕의 여동생이 되는데, 어찌 된 일인지 《삼국사기》에는 선화 공주에 대한 이야기가 한마디도 없어. 《삼국사기》에 나오는 진평왕의 딸은 선덕 여왕과 천명 공주 둘뿐이란다. 또, 진평왕 때는 백제와 신라가 몹시 사이가 나빠서 전쟁을 자주 벌였지. 그런 때에 무왕과 선화 공주가 결혼했다면 상당히 중요한 사건이니 반드시 역사책에 기록되었을 텐데,《삼국사기》에는 두 사람의 결혼 이야기도 전혀 없구나. 이상하지 않니?

원래 이 이야기는 전라북도 익산에 있는 미륵사가 어떻게 창건되었는가를 설명해 주는 이야기란다. 선화 공주는 무왕에게 부탁하여 미륵사를 지었어. 그리고 무왕은 익산으로 수도를 옮기려고도 했어.

무왕은 익산 사람들의 지지를 받아 왕위에 오른 사람이란다. 그래서 학자들은 선화 공주는 아마 익산의 어느 유력한 집안의 딸이거나, 백제 왕족이나 귀족의 딸이었을 거라고 추측하기도 해. 그런데 사람들의 입에서 입으로 이야기가 전해지는 과정에서 어느 틈엔가 신라 공주로 바뀌었다고 말야. 네 생각은 어떠니? 선화 공주는 누구일까? 한번 상상해 보렴.

사리호

미륵사지 석탑 사리봉안기와 사리호
2009년 1월, 석탑을 수리하기 위해 해체하다가 사리 담는 병인 사리호와 탑을 세운 내력을 적은 사리봉안기를 발견했어. 그런데 사리봉안기에는 미륵사를 세운 사람이 '백제 왕후 좌평 사택덕적의 딸'이라고 씌어 있었어. 좌평은 백제의 귀족이야. 그러고 보면 미륵사를 세운 사람이 신라 공주가 아니라는 것은 이제 분명해진 것 같구나.
-국립문화재연구소

삼국 문화의 키워드, 불교

527년

한참 동안 골똘히 생각에 잠겼던 왕은 무릎을 탁 쳤어.
지금 필요한 것은 새로운 생각, 새로운 종교라고 깨달은 거야.
귀족들이 아무 소리 못하고 머리를 조아릴 수밖에 없도록 만드는,
아주 참신하면서도 이전의 것을 제압할 만한 새 종교가 필요하다고 생각했어.
그것은 바로 불교였어.

427년
고구려
평양으로 수도 옮김

475년
백제
웅진으로 수도 옮김

527년
신라 이차돈의 죽음과 불교 공인

유럽을 여행할 때 가장 많이 만나게 되는 문화 유적지는 성당이란다.
유럽 여러 나라들은 약 천 년 동안 가톨릭을 국교,
즉 나라가 공식적으로 인정하는 종교로 삼았기 때문에 곳곳에 성당이 서 있어.
가톨릭은 유럽 사람들의 삶과 생각 속에 깊숙이 스며들어 있지.
그래서 가톨릭을 모르고서는 서양 문화를 제대로 이해하기 어렵단다.
불교가 우리 역사와 문화에서 차지하고 있는 위치는
서양의 가톨릭과 비슷하다고 생각되는구나.
불교는 삼국 시대에 처음 들어와서 고려에 이르기까지
약 천 년 동안 나라가 앞장서서 장려하는 종교로서
우리 역사와 문화에 큰 영향을 미쳤어.
우리나라를 여행할 때 가장 많이 만나게 되는
문화 유적지가 바로 절, 탑, 불상 같은
불교와 관련된 것들인 까닭을 이제 알겠지?
그러니까 불교는 삼국 시대 문화를 이해하는 키워드란다.
자, 오늘은 삼국에 불교가 처음 들어온 때로 거슬러 올라가 보자.

고구려 불상 평안남도 원오리의 옛 절터에서 발견된 고구려 불상이야. 진흙을 구워서 만들었어. 둥근 얼굴에 살짝 웃음을 머금고 있구나. -서울대학교박물관

631년
고구려
천리장성 만듦

676년
신라
한반도의 중남부 통일

751년
신라
불국사와 석굴암 건립

818년
발해
선왕 즉위. 전성기를 맞아 해동성국이라 불림

● 고구려는 372년 소수림왕 때 불교가 들어왔단다. 중국의 전진에서 승려 순도가 불상과 불경을 갖고 옴으로써 불교가 전해지게 되었어. 백제는 12년 뒤인 384년 침류왕 때 중국의 동진에서 승려 마라난타가 옴으로써 불교가 들어왔어. 그런데 이것은 왕실이 불교를 공식적으로 인정한 때를 말하는 거야. 왕실이 아닌 민간에는 이미 그 전부터 불교가 들어와 있었단다.

삼국이 불교를 받아들인 과정은 똑같지 않아. 고구려나 백제는 별다른 마찰 없이 불교를 인정했지만, 신라는 예부터 내려오는 신앙이 강하게 남아 있었고, 그것에 뿌리를 둔 귀족 세력의 강력한 반대에 부딪혀서 불교를 인정하는 일이 쉽지 않았어. 그러다가 이차돈의 죽음을 계기로 신라 또한 불교를 공식적으로 인정하게 되

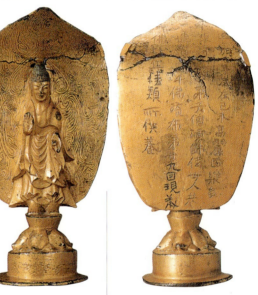

연가 7년명 금동 여래 입상의 앞면과 뒷면

신라 땅인 경남 의령군 대의면 하촌리에서 발견된 고구려 불상이야. 고구려와 신라의 밀접한 문화 교류를 보여 주는 유물이지. 뒷면에는 불상의 유래를 말해 주는 47자의 글자가 새겨져 있어. 연가 7년에 고구려 낙랑의 동쪽 절에 있는 40명의 사람이 힘을 합쳐 천 개의 불상을 만들기로 했는데, 이것이 29번째 불상이라는 내용이야. ─국립중앙박물관

삼국 문화의 키워드, 불교

었단다.

그럼, 이차돈의 죽음에 대한 이야기를 들어 볼래?

법흥왕을 위해 죽은 이차돈

신라의 법흥왕은 골머리를 앓고 있었어. 사사건건 왕에게 맞서는 귀족들을 눌러야겠는데 좋은 방법이 떠오르지 않았거든.

한참 동안 골똘히 생각에 잠겼던 왕은 무릎을 탁 쳤어. 지금 필요한 것은 새로운 생각, 새로운 종교라고 깨달은 거야. 귀족들이 아무 소리 못하고 머리를 조아릴 수밖에 없도록 만드는, 아주 참신하면서도 이전의 것을 제압할 만한 새 종교가 필요하다고 생각했어. 그것은 바로 불교였어. 이웃 나라 고구려와 백제는 벌써 150년 전에 중국에서 불교를 들여와 나라가 인정하는 종교로 삼고 있었지. 유독 신라만 귀족들의 반대로 불교를 인정하지 않고 있었어.

신라 귀족들은 옛날부터 내려오는 신앙, 그러니까 하늘과 땅의 신, 조상신을 숭배하기를 고집하고 있었어. 이것은 고조선 때부터 이어져 내려온 신앙이기 때문에 하루아침에 바꾸기가 매우 어려웠지.

하지만 불교는 왕의 권위를 높이는 데 아주 쓸모가 있었어. 그때 중국에서는 '왕이 곧 부처'라고 하면서 불교로 왕의 권위를 신성하게 만들고 있었단다. 법흥왕은 생각했어. 부처는 모든 것을 뛰어

넘는 유일한 절대자이니만큼 왕이 부처를 섬긴다면 왕에 대한 도전을 누를 수 있는 좋은 이유가 될 거라고. 하지만 귀족들의 반발이 만만치 않을 게 분명했어. 이때 왕이 고민에 빠져 있는 것을 알아챈 신하 이차돈이 조용히 왕을 찾아왔어.

"제가 기꺼이 목숨을 바치겠으니 저를 희생양으로 삼아 저들을 제압하십시오."

이차돈은 천경림으로 가서 이곳에 절을 지으라는 왕명이 있었다고 하면서 나무를 베어 내기 시작했어. 천경림은 하늘 신에게 제사를 지내는 성스러운 숲이었거든. 그곳에 절을 짓다니, 귀족들로서는 펄쩍 뛸 노릇이었지. 화가 난 귀족들은 왕에게 몰려갔단다. 그러자 왕은 자기는 모르는 일이라고 딱 잡아떼고는 이차돈을 잡아들이라고 했어. 이차돈은 자기 혼자 꾸민 일이라고 대답했지. 이 모두는 이차돈과 법흥왕이 비밀리에 약속한 것들이었어.

왕은 이차돈의 목을 베라고 명령했어. 《삼국유사》에는 그의 목을 베자, 붉은 피 대신 '흰 젖이 한 길이나 치솟고, 하늘이 캄캄해지고 땅이 진동하며 꽃비가 내렸다.'고 기록되어 있단다.

그런 다음, 왕은 귀족들에게 서슬 퍼렇게 말했어. 자세히 알아보지도 않고 왕에게 대든 죄로 모조리 처형하겠노라고. 귀족들

이차돈 순교비
이차돈의 죽음을 기리는 비석이야. 목에서 흰 젖이 솟고, 주위에 꽃비가 내리는 모습을 새겨 놓았어. 이차돈의 죽음은 신라에서 불교를 받아들이기가 매우 어려웠다는 걸 말해 주는 사건이야. 이차돈은 불교로 강력한 왕권을 세우려는 법흥왕과 그에 반발하는 귀족들 사이에서 죽음을 자청한 충신이었단다. —국립경주박물관

정림사 5층 석탑
백제의 마지막 수도 부여의 정림사 터에 남아 있는 탑이야. 세련되고 우아한 백제의 대표적인 돌탑이란다. 그런데 맨 아랫단에 '대당평백제국비명'이란 글이 사면 가득히 새겨져 있어. 백제를 멸망시킨 당나라가 정림사에 있던 이 탑에 승리를 기념하는 비문을 새겨 넣은 거야.

은 엎드려 빌었어. 왕은 근엄한 목소리로 말했단다.

"이번만은 용서해 주겠다. 그 대신, 이차돈이 나를 위해 절을 지으려다가 죽었으니, 내 그 절을 완성하여 이차돈의 혼을 위로하고자 하노라."

귀족들은 하는 수 없이 천경림에 절 짓는 일을 찬성했단다. 다시 말하면, 귀족들과 왕 사이에 타협이 이루어져서 신라는 불교를 공인하게 된 거야. 이차돈의 죽음을 희생으로 삼아서 말이지.

삼국 시대 불교의 특징

그럼 이차돈은 불교를 위해 목숨을 바친 순교자일까? 그렇다기보다는 불교를 이용하여 왕권을 강화하려는 법흥왕의 의도를 알아차리고 왕을 위해 목숨을 바친 충성스러운 신하였다고 생각되는구나.

이차돈의 죽음은 불교를 이용하여 왕권을 강화하려는 왕과 왕권 강화를 막으려는 귀족들 사이에서 벌어진 사건이었던 거야.

자신의 권위를 높이기 위해 큰 절을 짓고 탑이나 불상을 만든 왕은 법흥왕뿐 아니라 여럿 있었단다. 미륵사를 지은 백제의 무왕,

미륵사 복원 모형
본래 미륵사에는 거대한 목탑 하나와 그 양쪽에 석탑 두 개가 있었어. 지금은 모두 사라지고 석탑 한 개만 반쯤 부서진 채 남아 있지.

황룡사를 지은 신라의 진흥왕이 대표적인 인물이야.

불교는 왕실의 필요 아래 왕실의 보호를 받으면서 빠른 속도로 퍼져 나갔어. 왕실과 가까운 불교, 이것이야말로 삼국 시대 불교의 특징이란다.

삼국 시대 불교의 또 다른 특징은 예부터 내려오는 신앙과 조화를 이루었다는 점이야. 일전에 엄마하고 절에 갔을 때 대웅전 뒤쪽에 산신각이 있는 것을 보았지? 어느 절이든지 대웅전 뒤쪽 혹은 옆쪽에는 반드시 산신각 또는 칠성각이 있단다. 원래 불교에서는 산신이나 칠성을 숭배하지 않아. 그런데 어째서 우리나라 절에는 산신각이나 칠성각이 있을까?

이것은 불교가 우리나라에 들어와 예전의 신앙과 조화를 이루어 가는 가운데 생긴 일이

산신각
원래 불교에서는 산신을 섬기지 않지만, 우리의 전통 신앙과 만나면서 산신을 인정하게 되었어. 그래서 우리나라 절에는 산신각 또는 칠성각이 있단다.

황룡사 터

황룡사는 신라에서 가장 큰 절이었어. 진흥왕이 새 궁궐을 지으려다가 황룡이 나타나는 바람에 궁궐 대신 절을 짓고 황룡사라 했단다. 주변의 모든 나라들이 항복해 오기를 바라면서 9층이나 되는 목탑을 만들어 세웠지. 그러나 고려 때 몽골군의 침입으로 불타 없어졌단다.

야. 산신이나 칠성 숭배는 하늘 숭배와 함께 옛날부터 내려오는 신앙이란다. 하늘에 제사를 드리는 장소인 천경림에 절이 들어섰듯이, 산신각과 절이 함께 있게 된 거지.

뿐만 아니라 삼한의 제천 행사는 불교의 팔관회로 흡수되었어. 또, 복을 빌고 병을 치료하는 일은 무당 대신 승려가 맡아 하게 되었지. 불교 승려를 가리키는 '중'이란 말은 '차차웅'에서 왔다고 해. 차차웅은 무당이라는 뜻이라고 앞에서 얘기했지? 이런 현상들은 모두 새로운 신앙인 불교가 예전의 신앙과 조화를 이루면서 생긴 일이란다.

일본으로 건너간 백제의 불교문화

일본의 오사카 근처에 있는 '나라'에는 세계에서 가장 오래된 목조 건물로 손꼽히는 호류 사라는 절이 있단다. 이 절은 일본의 쇼토쿠 태자가 아버지의 명복을 빌기 위해 지었어. 그런데 실제로 공사를 맡은 사람들은 백제를 비롯하여 고구려, 신라에서 건너간 기술자들이었단다.

그중에서도 이 절에 있는 불상과 공예품들은 대부분 백제 기술자들이 만든 작품이야.

삼국 중에서 일본과 가장 가깝게 지낸 나라는 백제였어. 백제는 일본과 활발하게 교류했단다. 그런데 당시의 일본은 지금의 일본처럼 크고 강한 나라는 아니었어. 당시 백제가 교류한 일본의 정확한 이름은 '왜국'이란다. 지금의 오사카 근처인 '나라'에 있었어. 수도는 아스카였지.

당시 왜국을 다스린 사람은 쇼토쿠 태자였어. 쇼토쿠 태자가 다스리던 때에 왜국은 문화가 크게 발달했어. 이 문화를 '아스카 문화'라고 해. 아스카 문화의 특징은 불교란다. 불교를 중심으로 하는 문화였거든. 그런데 이 불교는 백제에서 건너간 것이었어.

국립중앙박물관

삼국 시대 금동 미륵 보살 반가 사유상(왼쪽)과 일본 고류 사의 목조 미륵 보살 반가 사유상(오른쪽)
가늘게 뜬 눈과 부드러운 웃음, 얼굴 근처에 갖다 댄 손의 모습이 마치 쌍둥이처럼 닮았구나. 그런데 일본 미륵 보살 반가 사유상의 재료인 적송은 일본에서는 자라지 않는 나무야. 우리나라에서 만들어 일본으로 가져갔을 거라고 추측하고 있어.

국립전주박물관

백제의 금동 신발(위)과 일본의 금동 신발(아래)
모양도 크기도 정말 닮은꼴이구나. 위쪽은 전라북도 익산 입점리의 백제 무덤에서 나온 것이고, 아래는 일본 규슈 구마모토 현의 에다후나야마 무덤에서 나온 것이야. 크기는 위쪽이 31.5센티미터, 아래쪽이 29.7센티미터란다.

6세기 중반, 백제의 성왕이 승려 노리사치계를 보내 불상과 불경을 전해 주었단다. 그 뒤 도심, 담혜를 비롯하여 승려 열여섯 명이 일본으로 건너가기도 했단다.

백제는 불교뿐 아니라 여러 분야의 기술자들을 보내 일본에 그 기술을 전해 주었지. 불상 만드는 기술자, 절 짓는 기술자, 공예품 만드는 기술자, 기와 굽는 기술자들이 잇달아 일본으로 건너갔단다.

일본의 아스카 문화가 탄생하는 데는 백제가 건네준 불교문화가 커다란 영향을 미쳤어.

백제는 유교와 한자도 전해 주었어. 백제의 학자 아직기와 왕인은 《논어》와 《천자문》을 전해 주었고, 단양이, 고안무 등 오경박사들과 의학·역학·천문·지리·점술 등 각 분야의 전문가들도 일본으로 건너갔단다.

그렇지만 백제가 일본에 문화를 전해 주었다고 해서 마치 지금의 일본 문화를 우리가 만들어 주기라도 한 것처럼 우쭐할 일은 아니야. 우리도 중국으로부터 불교를 비롯하여 여러 가지 문화를 받아들이지 않았니. 문화는 한자리에 머물러 있는 것이 아니고 끊임없이 서로 영향을 주고받으면서 변화하는 거란다.

우리가 중국으로부터 문화를 받아들여 나름의 문화를 만들어 냈듯이, 일본도 그랬을 거야. 과거에 우리가 일본에게 문화를 전해 준 것은 분명한 사실이지만, 그것이 우쭐거림의 이유가 될 순 없는 일이란다.

고구려 수산리 고분 벽화 부인도 (왼쪽)와 일본 다카마쓰 고분 벽화 부인도(위)
다카마쓰 고분에 그려진 벽화와 고구려의 고분 벽화도 닮은 점이 많단다. 얼마나 닮았는지 한번 비교해 보렴.

일본 아스카 문화에 영향을 미친 삼국의 문화

아스카 문화는 백제에서 건너간 불교문화를 바탕으로 하여 꽃피었어. 뿐만 아니라 고구려, 신라도 승려와 학자, 예술가, 기술자들을 보내 문화를 전해 주었지. 고구려의 승려 담징은 물감과 먹 만드는 법, 종이 만드는 법을 알려 주었고, 고구려의 승려 혜자는 쇼토쿠 태자의 스승으로 있었단다. 오늘날 일본에 남아 있는 당시의 문화재들 중에는 삼국의 영향을 받은 것들이 많아.

호류 사 백제관음
일본 호류 사에 있는 관음보살상이야. 2미터를 넘는 키에 우아한 자태가 아름답단다.

호류 사 5층 목탑
백제의 탑 만드는 기술이 일본에 전해진 것을 알 수 있는 목탑이야.

아스카 문화를 대표하는 문화재인 호류 사의 금당에 벽화를 그린 사람은 고구려 승려 담징이라고 해. 그런데 담징이 그린 벽화는 화재로 불타 없어졌어. 지금 남아 있는 것은 요즘 화가들이 비슷하게 다시 그려 놓은 거야.

금당 벽화
고구려 승려 담징이 그렸다는 호류 사 금당 벽화를 복원한 그림이야.

백제 아좌 태자가 그린 쇼토쿠 태자 상
백제 27대 왕 위덕왕의 아들로 일본에 건너간 아좌 태자는 그림을 아주 잘 그렸어. 그런데 호류 사에 있던 원래 그림은 불타 없어지고, 복원한 그림만 남아 있단다.

삼국 문화의 키워드, 불교

삼국시대 사람들은 어떻게 살았을까?

631년

그때도 밥상이나 식탁이 있었을까? 고구려의 무용총 벽화와 각저총 벽화에는 밥상을 앞에 놓고 식사를 하고 있는 사람들의 모습이 생생하게 그려져 있어. 하지만 벽화의 주인공은 평범한 사람이 아니라 상당히 신분이 높은 사람이라는 사실을 잊으면 안 돼. 밥상은 누구나 사용할 수 있는 물건이 아니었을 거야. 보통 사람들은 아마 밥상도 없이 바닥에 그릇을 놓고 먹었을 거야.

427년
고구려
평양으로 수도 옮김

475년
백제
웅진으로 수도 옮김

527년
신라
이차돈의 죽음과 불교 공인

631년
고구려 천리장성 만듦

삼국 시대 사람들의 생김새나 옷차림,

생활 모습을 알려 주는 대표적인 것으로는 고분 벽화가 있어.

- 고분 벽화 말고 토기나 흙으로 만든 인형으로도 당시 생활 모습을 알 수가 있지.
- 고구려의 고분 벽화를 보고 있으면 마치 한 편의 영화를 보는 것 같아.
- 벽화 속 사람들이 어찌나 생생한지 금방이라도 살아 움직일 것만 같단다.
- 아래의 벽화는 고구려의 어느 귀족이 손님을 맞이하는 장면을 그린 거야.
- 멋진 휘장이 드리워진 커다란 방에서 집주인이 손님을 대접하고 있어.
- 의자에 앉은 세 사람 가운데 맨 오른쪽 사람이 주인이고 마주 앉은 두 사람은 손님이야.
- 시중드는 하인은 아주 작게 그렸어.

한 손님이 손짓을 섞어 가며

뭔가를 열심히 얘기하고 있구나.

주인과 손님 앞에는 음식상이 각각 하나씩 놓여 있고,

뒤쪽 상에는 음식이 수북이 쌓인 그릇이 놓여 있어.

자, 그럼 삼국 시대 사람들의 생활을

좀 더 자세히 알아보자.

676년
신라
한반도의 중남부 통일

751년
신라
불국사와 석굴암 건립

818년
발해
선왕 즉위. 전성기를 맞아
해동성국이라 불림

고구려 불의 신과 농업신
중국 길림성 집안현에 있는 고구려 무덤 벽화야. 왼쪽은 불의 신이고 오른쪽은 농업신이란다. 불의 신은 불꽃을 들고 있고, 소의 얼굴을 한 농업신은 벼 이삭을 들고 있어.

● 삼국 시대 사람들은 무슨 음식을 먹었을까? 삼국 시대 사람들도 고기를 좋아했을까?

고기는 누구나 자주 먹을 수 있는 음식은 아니었어. 왕과 귀족을 제외한 일반인들에게는 어쩌다 먹을 수 있는 귀한 음식이었단다. 고기 종류로는 돼지고기, 닭고기, 사슴 고기, 꿩고기 들을 주로 먹었다고 해. 소는 다른 짐승들보다 우리나라에 늦게 들어왔고, 또 식용이 아니라 농사짓는 데 주로 쓰였단다.

고기를 먹을 때는 밥상 옆에 화로를 두고 그 자리에서 구워 먹기를 좋아했어. 그러고 보면 즉석 불고기나 갈비구이를 좋아하는 것은 옛날부터 전해 오는 전통인가 봐.

고구려의 부엌
황해도 안악 3호분 무덤 벽화야. 부엌에서 사람들이 일하는 장면이지. 한 사람은 시루 앞에서 음식 만들기에 열심이고, 또 한 사람은 아궁이 앞에 쪼그리고 앉아 불을 지피고 있어. 그릇을 정리하고 있는 사람도 있구나. 고기 창고엔 고기가 주렁주렁 걸려 있네. 어느 귀족 집의 부엌이란 걸 짐작할 수 있겠지?

쌀밥은 왕이나 귀족의 것

오늘날 누구나 먹는 쌀밥 역시 당시의 일반인들에겐 쉽게 먹을 수 있는 것이 아니었단다. 쌀밥은 왕이나 귀족만 먹을 수 있었고 일반인들은 보리밥, 콩밥, 조밥을 먹었어.

밥 짓는 방법도 바뀌었지. 처음엔 시루에 쌀을 쪄서 먹다가, 삼국 시대 후기에 들어 뚜껑 덮는 솥을 만들어 쓰게 되면서부터 오늘날과 같은 밥 짓기가 이루어졌다고 학자들은 말한다.

삼국 시대 사람들도 우리처럼 하루에 세 끼를 먹었을까? 아니야, 그때는 보통 아침 저녁 두 끼를 먹었어. 대식가로 이름난 신라의 태종 무열왕도 백제 정복을 앞두었을 때는 하루 세 끼를 먹었지만, 백제를 멸망시킨 다음에는 점심을 거르고 두 끼만 먹었단다.

반찬은 뭘 먹었느냐고? 김치를 먹었어. 당시의 김치는 지금처럼 빨갛고 매운 것이 아니라 무를 소금에 절여 만든 것이었다고 했지? 김치 외에 다른 반찬으로는 콩으로 만든 장, 젓갈을 먹었어. 고구려 사람들은 발효 식품을 잘 만들기로 소문이 나 중국까지 알려졌단다.

그러니까 대부분의 사람들은 평범한 날에는 보리나 조, 콩으로 지은 밥에 장국이나 소금국, 그리고 소금에 절인 무김치를 반찬으로 먹었어. 고기는 일 년에 한두 번, 특별한 날에 먹고 말야.

왕이나 귀족의 식사는 훨씬 화려했겠지? 태종 무열왕은 하루에 쌀 세 말, 꿩 아홉 마리, 술 여섯 말을 먹었고, 문무왕의 동생 차득공은 50가지 요리를 차려서 손님을 대접했다고 해. 하지만 일반 백성들은 그런 음식을 꿈도 꿔 보지 못했을 거야.

그때도 밥상이나 식탁이 있었을까? 고구려의 무용총 벽화와 각저총 벽화에는 밥상을 앞에 놓고 식사를 하고 있는 사람들의 모습이 생생하게 그려져 있어. 하지만 벽화의 주인공은 평범한 사람이

신라의 시루와 아궁이 모양 토기
포항 냉수리에서 발견되었어. 지금의 시루와 아주 비슷해.
—국립경주박물관

고구려의 또아리병과 오절판
고구려 군사 기지가 있던 서울 광진구 구의동과 아차산에서 발견되었어. 고구려 병사들이 사용하던 거야.
—서울대학교박물관

고구려 귀족의 상차림
밥상을 앞에 놓고 식사를 하고 있구나. 무용총 벽화의 한 장면이야.

아니라 상당히 신분이 높은 사람이라는 사실을 잊으면 안 돼. 밥상은 누구나 사용할 수 있는 물건이 아니었을 거야. 보통 사람들은 아마 밥상도 없이 바닥에 그릇을 놓고 먹었을 거야.

신분에 따라 달리 사는 집

집은 어땠을까? 난방 기술이 발달했기 때문에 전처럼 땅을 파고 움집을 지을 필요는 없어졌어. 요즘처럼 땅 위에 지은 지상 가옥에서 살았단다. 방 한구석엔 쪽구들을 놓아서 난방을 했어. 기역 자로 놓은 돌에 불을 때면 돌이 달궈지면서 방이 훈훈해진단다. 이것을 쪽구들이라고 해. 방바닥 전체를 덥힐 수 있는 온돌은 아직 만들 줄 몰랐어.

그런데 쪽구들은 방바닥 전체가 아니고 일부만 따뜻하게 하기 때문에 사람들은 차가운 바닥을 피해서 침상이나 의자를 사용했어. 그러니까 입식 생활을 했던 거야.

평범한 사람들은 초가

신라의 집 모양 토기
집 모양을 한 그릇이야. 평범한 백성들은 이런 집에서 살지 않았을까? —국립경주박물관

신라의 집 모양 뼈항아리
사람이 죽으면 불교식으로 화장을 해서 그 뼈를 담아 두는 그릇이야. 번듯한 기와지붕이 신라 귀족의 집을 떠올리게 해. —국립경주박물관

한국사 편지
152

집에서 살았지만, 지배층은 기와집을 짓고 휘장으로 멋지게 장식한 방에서 침상과 의자를 놓고 살았단다.

서현과 만명의 사랑

삼국 시대에는 남자와 여자가 어떻게 사귀었을까? 삼국 시대에는 이성 교제가 금지되고 부모가 정해 준 사람과 얼굴도 모르는 채 결혼했을 거라고 생각했다면 틀린 생각이란다.

1,400년 전 신라에서 살았던 서현과 만명의 사랑 이야기를 들어 보렴. 자유롭게 연애하고, 용감하게 사랑하는 모습이 요즘 젊은이들과 다르지 않아.

김서현은 가야의 왕족이었어. 가야가 망하지만 않았더라면 서현은 아마 왕이 되었을 거야. 그러나 가야가 신라에게 무릎을 꿇자 가야의 왕족들은 신라 사람이 되었단다.

서현이 하루는 길을 가다가 마음에 꼭 드는 아가씨를 보았어. 그녀의 이름은 만명. 신라 진흥왕의 친동생 숙흘종의 딸이니 지체 높은 아가씨였지. 만명도 서현이 마음에 들었던 모양이야. 두 사람은 사랑에 빠졌단다.

얼마 후 서현은 만노군(지금의 충청북도 진천) 태수로 임명되어 멀리 떠나게 되었어. 서현은 만명과 같이 가려고 했지. 그제야 딸이 서현과 연인 사이라는 걸 알게 된 만명의 아버지는 만명을 가두어

연꽃화생
연꽃 속의 두 사람, 정말 예쁘구나. 만주 장천 1호분 무덤 벽화야. 무덤의 주인 부부가 내세에도 같이 태어나 사이좋게 살기를 바라는 마음이 담겨 있어.

신라 시대 부부의 토우
토우란 흙으로 만든 인형을 말해. 활달한 동작과 표정이 금방이라도 살아 움직일 것 같아.
—국립경주박물관

놓고 사람을 시켜 지키게 했단다.

그런데 별안간 벼락이 떨어졌어. 지키던 사람이 혼비백산한 틈을 타서 빠져나온 만명은 서현과 함께 만노군으로 달아났단다. 얼마 후 두 사람 사이에서 탐스러운 사내아이가 태어났는데, 이름을 유신이라 지었어. 이 아이가 바로 신라의 장군 김유신이란다.

신라에서는 남녀의 사귐이 금지되지 않았어. 신라뿐 아니라 고구려, 백제도 마찬가지였단다. 고구려에 대해 기록해 놓은 중국의 옛 역사책을 보면, 고구려에서는 '사람들이 노래와 춤을 좋아하여 해가 저물면 남녀가 모여 서로 노래하고 즐긴다.', '결혼은 남녀 간에 서로 좋아함을 취하여 한다.'고 씌어 있단다.

서현과 만명처럼 당사자 두 사람의 뜻만으로 결혼에 이르는 경우가 적지 않았던 거야. 물론 부모가 정해 준 사람과 결혼하거나 마음에 둔 상대방 집에 중매를 넣어 결혼 절차를 밟는 것이 보통이었겠지만 말이다.

삼국 시대의 여성
황해도 안악 3호분 무덤 벽화야. 결혼을 한 여성은 머리를 틀어 올렸어.

결혼 후 살림은 신부 집에서

그러면 삼국 시대 사람들의 결혼식은 어땠을까? 《삼국지》위서 동이전에는 고구려의 결혼식 장면이 실려 있단다.

쌍영총 부부도

주인 부부가 신발을 벗고 평상에 앉아 있구나. 옆에는 시중드는 하인이 조그맣게 그려져 있어. 평안남도 남포시 용강에 있는 쌍영총 벽화란다. 쌍영총은 무덤 안에 8각 기둥이 두 개 서 있어서 쌍기둥 무덤이란 뜻으로 쌍영총이라 불린단다.

"고구려에서는 결혼하려면 먼저 혼인 약속을 한 다음, 신부 측에서 집 뒤에 따로 집을 짓는다. 이를 서옥, 즉 사위 집이라 한다. 결혼 날 저녁, 신랑은 신부 집 앞에 가서 자기 이름을 말하고 무릎을 꿇고 절한 다음 들어가게 해 달라고 거듭 청한다. 신부 부모가 들어가라고 허락하면 그때 서옥에 들어간다……. 아이가 태어나 다 자라면 그때 신랑 집으로 간다."

*壻 사위 서
 屋 집 옥

신부 집에서 결혼식을 하고, 결혼 후 신부 집에서 살다가 태어난 아이들이 다 자란 뒤에 신랑 집으로 가는 거야. 이러한 풍습은 고구려뿐 아니라 신라와 백제에서도 마찬가지였어. 이 풍습은 고려 시대를 거쳐 조선 시대 전기까지 지켜졌단다. 그리고 조선 시대 후기에 이르러 신혼 때부터 신부가 신랑 집에 들어가 사는 것으로 바뀌었어.

결혼할 때 예물은 얼마나 주고받았을까? 고구려에서는 신랑 집에서 신부 집에 돼지고기와 술을 보낼 뿐 패물은 하나도 보내지 않았단다. 만약 신랑 집으로부터 패물을 받으면 딸을 노비로 판다고 사람들한테 손가락질을 당했어.

신라에서도 술과 음식만 준비하여 결혼식을 치렀단다. 신부 집에서 신랑 집에 혼수, 예단이나 지참금을 주는 일은 없었어.

혼수 때문에 결혼을 앞둔 신랑 신부가 가슴앓이를 하고 파혼까지 하는 요즘에 비하면 정말 바람직하지 않니? 삼국 시대 사람들의 사랑과 결혼은 여러 면에서 우리를 깜짝 놀라게 한단다.

신분 제도

신분 제도는 삼국 시대뿐 아니라 고려 시대와 조선 시대에도 있었어. 또, 우리나라뿐만 아니라 세계의 거의 모든 나라에도 있었단다. 신분 제도가 있느냐 없느냐는 발전된 사회인가 아닌가의 기준이 되기도 해. 오늘날에는 거의 모든 나라에서 신분 제도가 사라졌단다.

태어나면서부터 신분이 정해지다

신분 제도란 혈통이나 집안, 재산, 권력 등에 따라 사람을 구분하여 층을 나누는 것을 말한단다. 신분은 태어나면서부터 부모로부터 물려받는 것이어서 마음대로 바꿀 수가 없었단다.

자신의 능력과 상관없이 주어진 신분에 만족하고 살아야 한

삼국의 신분 제도

왕과 왕비 왕은 신분 제도의 맨 꼭대기에 있었지만 때로는 귀족 세력에게 밀리기도 했어. 그래서 왕은 강력한 왕권을 세우기 위해 온갖 노력을 기울였단다.

평민 평소에는 농사를 짓다가 나라에서 성이나 궁궐을 지을 때면 아무런 대가 없이 나가서 일을 해야 했단다.

귀족 토지와 노비를 갖고 벼슬을 하면서 정치와 사회를 지배했어.

다면 어떻겠니? 아무리 똑똑하고 현명해도 노비로 태어난 사람은 끝까지 노비로 살아야 한다면 참 억울할 거야. 하지만 당시 사람들은 억울하다는 생각 같은 건 미처 하지도 못하고 당연한 것으로 받아들였단다.

삼국 시대 사람들은 귀족, 평민, 노비로 신분이 나뉘었어. 귀족의 꼭대기에는 왕이 있었지. 신분에 따라 옷, 음식, 집, 하는 일, 벼슬의 높낮이가 달랐어.

고구려 고분 벽화에는 신분에 따라 사람 크기가 다르게 그려져 있단다. 귀족은 크게, 시중드는 하인은 아주 작게 그려져 있어. 그림에도 신분의 차이가 나타나 있는 거야.

귀족은 나라와 사회를 지배하는 지배층이었어. 이들은 벼슬과

귀족과 하인
고구려 무용총 벽화의 한 장면이야. 고구려 고분 벽화에서는 귀족은 크게, 하인은 절반 크기로 작게 그려서 신분의 차이를 나타냈어.

❗ 고구려, 백제, 신라 사람들은 서로 말이 통했을까?

고구려 말과 백제 말은 같았을까? 백제는 고구려에서 갈라져 나온 사람들이 세운 나라니까 같았을 거라는 주장이 있는가 하면, 백제의 지배층은 고구려 말을 썼지만 피지배층은 말이 달랐다는 주장도 있어. 어느 쪽이 맞을까? 비록 초기에는 피지배층과 지배층의 말이 달랐다고 해도 시간이 지나면서 의사소통에 별문제가 없었을 거라고 생각되는구나.

그럼 고구려 말과 신라 말은 어땠을까? 《삼국사기》 지리지에 나오는 고구려 지명 표기 방법을 연구한 학자들에 따르면, 신라 말과 고구려 말은 서로 비슷하거나 같았다고 해. 그러니까 삼국 시대 사람들은 한자리에 모여 통역 없이 대화할 수 있었을 거야.

토지와 노비를 차지하고 많은 특권을 누렸어. 평민은 거의 대부분 농민이었어. 농민은 농사를 지으면서 나라에 세금을 내야 했지.

　세금은 세 종류가 있었어. 쌀, 콩, 조 같은 곡식을 내는 것[조 租], 베나 비단 같은 옷감이나 특산물을 내는 것[조 調], 나라에서 성이나 궁궐을 지을 때 나가서 무료로 일해 주고 또 군대에 가는 것[용 庸]이었어. 귀족이나 노비는 세금을 내지 않았어. 세금을 내는 것은 평민이었단다.

　노비는 가장 낮은 신분으로서 주인의 재산이나 소유물로 취급되었어. 노비는 주인을 위해 농사를 짓거나 집안일을 했단다.

삼국 시대 사람들의 냉장고와 마실 거리

냉장고가 없던 그때, 얼음은 아주 요긴하고 귀한 것이었어. 그래서 나라에서는 얼음을 관리하는 데 정성을 많이 들였어. 추운 겨울날 꽁꽁 언 얼음을 깨다가 특별히 만든 얼음 창고에 저장해 두었다가 여름에 꺼내 썼어.

지금의 경주에 남아 있는 석빙고는 돌로 만든 얼음 보관 창고란다. 신라에서는 지증왕 때부터 얼음을 저장해 두었다가 쓰기 시작했고, 고구려에서는 유리왕 때부터 장빙고를 만들어 얼음을 보관했다고 해.

얼음을 녹지 않게 잘 보관하고 또 필요할 때 나눠 주는 일은 대단히 중요한 국가 행사였어. 신라에서는 빙고전이라는 관청을 두어 얼음에 관한 모든 일을 맡아보게 했지. 또, 빙고의 문을 열 때는 반드시 제사를 드렸단다. 이러한 일은 고려나 조선 시대에 이르러서도 마찬가지였어.

우유는 서양에서 건너온 음식이라고 알고 있지만 사실은 우리 조상들도 옛날부터 우유를 먹었어.

7세기 중엽, 백제 사람 복상이 일본에 건너가 우유 짜는 법을 알려 주었

경주 석빙고
석빙고는 오늘날의 냉장고라고 할 수 있어. 추운 겨울날 얼음을 깨다가 석빙고에 보관해 두었다가 여름에 꺼내서 썼어. 여름에 얼음은 아주 귀한 것이어서 나라에서 관리하면서 왕실에서 쓰거나 관리들에게 나누어 주었지. 일반 백성들은 얼음을 먹기가 쉽지 않았을 거야. 사진의 석빙고는 조선 시대에 다시 지은 거야.

다고 일본 책 《신찬성씨록》에 씌어 있단다. 백제 사람들은 우유 짜는 법을 알고 우유를 마실 줄 알았던 거야.

그런데 당시의 우유는 오늘날의 우유와 다른 점이 있어. 오늘날의 우유는 어린이부터 노인까지 누구나 마실 수 있지만, 당시의 우유는 왕이나 귀족만 먹을 수 있는 아주 귀한 것이었단다. 고려 때도 우유는 여전히 귀한 것이었어. 고려 때는 유우소란 관청을 두어 소젖 짜는 일을 맡아보게 했단다.

재매정
비각 옆에 우물이 보이지? 김유신이 살았던 집터에 남아 있는 우물인데, 깊이가 약 6미터에 이른단다. 우물의 이름은 재매정. 김유신의 집을 재매정댁이라고 불렀다고 해. 경주 교동에 있어.

우유 말고 다른 마실 거리는 없었을까? 《삼국사기》 김유신 열전을 보면, 싸움터에서 막 돌아온 김유신이 가족을 만날 틈도 없이 집 앞을 그냥 지나쳐 다시 싸움터로 나가는 대목이 나온단다. 김유신이 문득 말을 멈추고, 부하에게 명령했어.

"가서 우리 집 장수를 가져오너라."

시원하게 장수를 들이켜고 나서 김유신은 기분 좋게 말했어.

"우리 집 물맛이 전과 다름이 없구나."

김유신이 마신 장수는 어떤 것일까? 쌀을 발효시켜 만든 음료인 것 같은데 오늘날 전해 오지 않기 때문에 정확히 알 수는 없어. 신라 사람들은 장수 말고도 박하 잎을 말려 차로 끓여 마셨단다.

신라는 어떻게 통일을 하였을까?

676년

결국 백제와 고구려는 나당 연합군에게 멸망당하고 말았어.
김춘추의 외교를 어떻게 생각하니? 다른 민족인 당나라를 끌어들여
같은 민족인 백제와 고구려를 멸망시켰으니 잘못해도 한참 잘못했다고?
그런데 말이다, 당시 사람들은 삼국이 같은 민족이라는 생각을 못했단다.
아니, '민족'이란 것이 무엇인지조차 생각해 본 적이 없었어.

427년
고구려
평양으로 수도 옮김

475년
백제
웅진으로 수도 옮김

527년
신라
이차돈의 죽음과 불교 공인

631년
고구려
천리장성 만듦

세운이는 신라의 통일 하면 맨 먼저 뭐가 생각나니?
김유신 장군, 화랑 관창, 계백 장군, 이런 사람들이 생각나니?
'신라가 아니라 고구려가 삼국을 통일했더라면 더 좋았을 텐데…….'
혹시 이런 생각을 해 본 적은 없니?
신라는 삼국 중에서 가장 늦게 발전한 나라였어.
그런 신라가 어떻게 백제와 고구려를 무너뜨렸을까?
당나라의 힘을 빌린 덕분일까?
신라만의 어떤 저력이 있었던 건 아닐까?
그런데 신라는 정말 삼국을 통일했을까?
신라의 통일은 참 많은 궁금증을 불러일으킨단다.
오늘은 신라의 통일에 대한 궁금증을 풀어 보자꾸나.
그에 앞서, 백제와 고구려의 최후부터 먼저 살펴보기로 하자.
백제와 고구려가 왜 멸망했는지 알면 신라의 통일도 이해하기가 쉬울 거야.

751년
신라
불국사와 석굴암 건립

818년
발해
선왕 즉위. 전성기를 맞아
해동성국이라 불림

676년
신라 한반도의 중남부 통일

충청남도 논산에 가면 옛날에 '황산벌'이라고 불리던 곳이 있어. 지금은 벼가 무르익는 평화로운 들판이지만, 1,350여 년 전 이곳 황산벌에서는 신라와 백제가 최후의 결전을 벌였단다. 신라군의 지휘관은 김유신, 백제군의 지휘관은 계백이었어. 둘 다 내로라하는 쟁쟁한 장수들이었지.

충장사
황산벌 전투가 벌어졌던 충청남도 논산에 있는 계백 장군의 사당이야. 주변에 계백 장군의 것으로 알려진 무덤, 백제군사박물관도 있단다.

황산벌에 쓰러진 백제 결사대

660년, 신라는 당나라와 손잡고 백제를 공격해 왔어. 당나라와 신라의 목표는 백제의 수도 사비성이었어. 사비성이

부여 부소산성
백제의 왕궁이 자리 잡은 부소산을 에워싸고 있는 산성이야. 사비성, 소부리성이라고도 해. 평소에는 궁궐의 후원으로 사용되다가 전쟁이 나면 방어지로 사용되었던 것 같아. 성안에 3천 궁녀의 전설로 널리 알려져 있는 낙화암, 고란사 등이 있단다.

있던 곳이 지금의 부여라는 건 잘 알고 있지? 당나라 군대는 바다를 건너 금강 기슭에 상륙했고, 신라는 탄현을 지나 황산벌에 도착했어.

백제의 계백 장군은 결사대 5천 명을 이끌고 신라군을 막으러 나갔단다. 신라군은 백제군의 열 배나 되는 5만 명이었지. 계백은 싸움터로 떠나기 전, 아내와 자식을 불러 작별 인사를 나누었어.

"포로로 잡히면 적의 노비가 될 테니, 살아서 욕을 보느니 차라리 죽는 게 낫다."

계백은 칼을 들어 사랑하는 아내와 자식을 베었단다. 자신이 살아 돌아올 수 없음은 물론이요, 백제가 승리할 수 없다는 것을 계백은 잘 알고 있었던 거야.

　계백은 험한 곳에 진을 치고 신라군을 기다렸어. 죽기를 각오하고 싸우는 백제군 앞에서 신라군은 주춤했어. 안 되겠다고 생각한 신라 장군 김흠순은 아들 반굴을 불러, 나가 싸우도록 했단다. 그러나 반굴은 용감히 싸우다가 그만 죽었어.

　그러자 장군 김품일도 아들 관창을 내보냈단다. 관창은 말에 뛰어올라 혼자서 백제군을 향해 달려갔어. 용맹스럽게 싸웠지만 곧 사로잡히고 말았지.

　계백이 투구를 벗기자 앳된 소년의 얼굴이 나타났어. 계백은 죽이기 아깝다면서 관창을 놓아주었어. 그러나 관창은 또다시 창을 비껴들고 적진으로 달려갔단다. 마침내 계백은 관창의 목을 베어 말안장에 매달아 신라군에게 보냈어.

　반굴과 관창의 죽음을 본 신라군은 분노하여 일제히 총공격을 시작했어. 김흠순과 김품일이 아들을 적진으로 보낸 것은 바로 이렇게 되기를 기대했던 거야. 반굴과 관창은 신라를 위해 희생한 거

황산벌 전투
백제 결사대 5천 명과 신라군 5만 명이 싸운 황산벌 전투는 백제의 운명을 결정지은 중요한 전투였어.

낙화암에서 내려다본 백마강
부소산성의 뒤쪽은 깎아지른 듯한 절벽이고 그 밑으로 백마강이 흐르고 있어. 이곳에서 적군에게 쫓겨 강물로 뛰어든 궁녀들의 심정이 어땠을까?

란다.

백제의 5천 결사대는 일당백의 정신으로 싸웠지만 힘이 부쳤어. 밀고 밀리기를 네 차례, 백제군은 힘이 다해 계백과 그 군사들이 모두 전사했어. 황산벌은 이들이 흘린 피로 붉게 물들었단다.

계백의 결사대를 물리친 신라군은 거침없이 사비성으로 밀어닥쳤어. 당나라 군대도 사비성으로 몰려들었지. 결국 사비성은 함락되고 말았단다. 의자왕은 미리 웅진성으로 피했지만, 미처 도망가지 못한 사람들은 죽거나 포로로 잡혔어. 낙화암 3천 궁녀의 슬픈 이야기는 바로 이때 생겼단다. 적군을 피해 도망치던 3천 명의 궁녀들이 세찬 바람에 우수수 떨어지는 꽃잎처럼 절벽 아래 강물로 뛰어내렸다고 해서 낙화암이라고 불러. 그 숫자가 정말 3천 명이 없는지는 알 수 없지만, 아주 많았다는 뜻으로 이해하면 돼.

신라와 당나라 연합군은 의자왕이 피해 있는 웅진성까지 함락시켰어. 의자왕과 태자 효는 항복의 표시로 당나라 장수 소정방에게 술을 따라 올렸어.

그리고 의자왕을 비롯한 신하들과 백성들 1만 2천여 명이 당나라로 끌려갔단다. 의자왕은 당나라에서 병이 들어 죽고 말았어. 700년 백제의 역사는 이렇게 해서 끝나고 말았단다.

서로 싸우는 연개소문의 세 아들

당나라의 진짜 목표는 고구려였어. 신라와 손잡고 백제를 공격한 것도 실은 고구려를 정복하기 위해 백제를 먼저 친 것이었지.

사비성을 함락시킨 이듬해, 당나라 군대는 배를 타고 대동강을 거슬러 올라와 고구려의 수도 평양성을 포위했어. 평양성이 포위당한 건 처음이었단다. 그렇지만 평양성은 사비성처럼 쉽게 무너지지 않았어. 고구려의 저력은 대단했어. 당나라 군대는 하는 수 없이 철수하고 말았지.

그런데 불과 몇 년 뒤 고구려는 멸망하게 돼. 탄탄하던 고구려가 어떻게 멸망했을까? 가장 큰 원인은 지배층의 권력 다툼으로 내부 분열이 일어났기 때문이었어. 연개소문이 죽은 뒤 아들들이 권력 다툼을 벌였거든.

연개소문은 24년 동안이나 권력을 휘둘렀어. 왕이 있긴 했지만 이름뿐이었고, 실제 정치는 연개소문이 도맡아 했지. 그런데 연개소문이 병으로 죽자, 그동안 쌓여 왔던 불만이 한꺼번에 터져 나왔단다. 게다가 세 아들 남생, 남건, 남산은 서로 최고 권력자가 되려고 싸움을 벌였어.

연개소문은 죽으면서 세 아들에게 이렇게 유언했단다.

"너희 형제들은 고기와 물처럼 화목해라. 절대로 다투지 마라."

그렇지만 세 아들은 아버지의 유언을 따르지 않았어. 맏아들 남

평양성의 최후
수 양제와 당 태종의 대군 앞에서도 끄떡없었던 고구려군이 지배층의 권력 다툼으로 무너져 내리다니, 내부 분열이 얼마나 무서운지 알 것 같구나.

생이 지방에 간 틈을 타서, 둘째 남건이 형의 자리를 가로챘지. 이를 안 남생은 당나라에 아들 헌성을 보내 고구려를 정벌해 달라고 간청했어. 호시탐탐 고구려를 노리고 있던 당나라는 얼씨구나 싶어 즉시 헌성을 길잡이로 삼아 공격을 해 왔단다.

668년 1월, 당나라군은 평양성으로 몰려들었어. 당나라의 요청

충차
성문이나 성벽에 세게 부딪쳐서 파괴시키는 무기야.

운제
성을 공격할 때 사용하는 긴 사다리차란다. 사다리를 펼쳐서 성벽에 걸쳐 놓고 올라가지. —전쟁기념관

을 받고 신라군도 평양성으로 진격했어. 나당 연합군은 평양성을 둘러쌌어. 남생은 꾀를 냈어. 남건의 신하인 신성에게 첩자를 보내 성문을 열어 주면 큰 상을 주겠다고 꾀었단다. 신성은 첩자에게 대답했어.

"기회를 보아 성문을 열어 놓겠다."

닷새 후, 정말 성문이 활짝 열렸어. 신라의 기병 500기가 선봉이 되어 먼저 성안으로 들어가고, 당군이 뒤를 따랐지. 나당 연합군은 궁궐과 민가에 불을 지르고 마구 짓밟았단다. 이때 평양성이 넉 달 동안 계속 불탔다고 하니, 얼마나 심하게 파괴되었는지 짐작이 가는구나.

당나라군의 길잡이 노릇을 한 남생과 그 아들 헌성은 어찌 되었냐고? 당나라로부터 상으로 벼슬을 받았단다.

그렇지만 훗날 헌성은 반란을 일으키려 했다는 죄목으로 죽음을 당했어. 남건은 당나라에 포로로 끌려갔어. 그뿐 아니라 보장왕과 왕자들을 비롯해 약 20만 명이 끌려갔단다.

당은 백제와 고구려를 정복한 뒤 신라에게 아무런 권한도 주지 않고, 평양성에 안동도호부를 두어 고구려의 땅을 다스리고, 사비성에 웅진도독부를 두어 백제 땅을 다스렸단다.

그래서 신라는 당과 한바탕 싸움을 할 결심을 했어. 지금의 경기도 양주에 있던 매소성과 금강 입구의 기벌포에서 신라군은 당군

을 크게 이겼단다. 싸움을 계속하면 불리하다고 생각한 당은 안동도호부와 웅진도독부를 만주로 옮겼어. 신라는 대동강에서 원산만에 이르는 선을 기준으로 그 이남을 지배하게 되었단다. 그러니까 한반도의 중남부를 통일하게 된 거야.

신라 통일의 발판이 된 한강

신라는 삼국 중에서 발전이 가장 늦었던 나라야. 그런데 어떻게 해서 신라가 통일을 이룰 수 있었을까?

신라가 통일의 발판을 다진 것은 한강 일대를 차지한 때부터였어. 앞에서도 말했지만 한강 일대는 한반도의 중심부요, 배

평양성 대동문
평양성의 동쪽 문으로 가장 중요한 문이야. 오늘날 남아 있는 대동문은 조선 시대에 다시 지은 거란다. 위의 그림은 1919년 영국 화가 엘리자베스 키스가 우리나라를 여행하면서 그린 대동문이야.

글자가 새겨진 평양성의 돌조각
평양성을 쌓을 때 공사 구역과 공사 책임자 등을 한자로 새겨 놓은 돌이야. 뭐라고 썼는지 볼까? "기축년(569년) 5월 28일 공사 시작. 서쪽으로 11리 구간은 소형 벼슬인 상부 약모리가 맡는다."

| 6세기 신라 영토와 진흥왕 순수비 |

마운령비(568년)
황초령비(568년)
북한산 순수비(555년)
단양 적성비(551년)
창녕비(561년)

**북한산
진흥왕 순수비**
한강 일대를 독차지한 진흥왕은 북한산 꼭대기에 올라 기념비를 세웠어. 북한산 진흥왕 순수비가 바로 그것이란다. 비석은 지금 국립중앙박물관에 옮겨져 있지.

를 타고 중국으로 곧바로 갈 수 있는 교통의 요지였지. 그래서 삼국은 한강 일대를 서로 차지하려고 치열한 경쟁을 벌였단다.

신라가 한강 일대를 차지한 건 진흥왕 때였어. 그때 한강의 주인은 고구려였단다. 신라의 진흥왕은 백제의 성왕과 연합군을 만들어 고구려를 공격했어. 신라와 백제는 벌써 100년 넘게 동맹을 맺어 온 사이였어. 이 동맹을 '나제 동맹'이라 한다고 했지?

신라와 백제는 보기 좋게 작전을 성공시켜 한강 일대를 빼앗았어. 그리고 신라는 상류 지역을, 백제는 하류 지역을 사이좋게 나눠 가졌단다. 그런데 2년 뒤, 신라의 진흥왕은 별안간 백제의 땅인 한강 하류를 공격했어. 뜻밖의 공격을 당한 백제는 힘없이 패했고, 신라는 한강 하류까지 손에 넣었지. 100년 넘게 지켜 온 나제 동맹은 신라의 배신으로 하루아침에 깨졌어.

몹시 화가 난 백제의 성왕은 신라로 쳐들어갔어. 지금의 충청북도 옥천에 있던 관산성에서 전투가 벌어졌단다. 처음엔 백제군이 우세했지만 때마침 신라의 구원군이 도착했지. 구원군의 지휘관은 김무력, 바로 김유신의 할아버지였단다. 구원군이 오자 용기백배한 신라군은 큰 승리를 거뒀어. 백제의 성왕은 그곳에서 전사하고 말았단다.

삼년산성
충청북도 보은에 있는 산성으로 신라의 백제 공격 기지였어. 관산성 전투에서 이곳 출신의 신라군이 맹활약하여 백제 성왕이 죽음을 당했지. 성을 완성하는 데 3년 걸렸다고 해서 삼년산성이라 불린단다.

    관산성 전투에서 승리함으로써 신라는 삼국 중 가장 뒤떨어진 나라에서 벗어나 발전의 기틀을 다지게 되었어. 영토를 늘렸을 뿐만 아니라 중국과 직접 교류하게 되었지. 삼국의 팽팽한 경쟁에서 신라가 주도권을 잡게 된 거란다.

    오랫동안 지켜 온 나제 동맹을 깨뜨리고 백제를 공격한 진흥왕의 선택을 세운이는 어떻게 생각하니? 진흥왕은 영토를 넓히고 통일의 밑거름을 친 영웅일까, 아니면 약속을 깨뜨린 배신자일까? 나라를 위한 일이니 약속쯤은 깨뜨려도 괜찮은 것일까? 한번 생각해 보렴.

김춘추는 외세를 끌어들인 민족의 배신자?

    신라가 한강 일대를 차지한 뒤, 백

제는 끈질기게 신라를 공격했어. 신라 때문에 애써 얻은 한강을 잃어버렸고, 성왕이 죽기까지 했으니 얼마나 화가 났겠니.

　백제의 공격에 시달리던 신라는 고구려에 사신을 보냈어. 백제를 함께 공격하자고 말야. 그 사신이 바로 김춘추였단다. 김춘추는 진흥왕의 증손자야. 그런데 김춘추를 맞은 고구려의 연개소문은 그를 감옥에 가뒀어.

　김춘추는 간신히 고구려를 빠져나와 이번엔 당나라로 갔어. 당나라 황제 고종은 백제를 함께 공격하자는 김춘추의 제안을 받고 내심 기뻐했단다. 백제를 먼저 함락시킨 다음 고구려를 치고, 나아가 신라까지 손에 넣으면 한반도 전체가 당나라 것이 된다고 생각했지. 앞에서 말한 나당 연합군의 백제 공격은 이렇게 해서 시작되었던 거야. 결국 백제와 고구려는 나당 연합군에게 멸망당하고 말았어.

　김춘추의 외교를 어떻게 생각하니? 다른 민족인 당나라를 끌어들여 같은 민족인 백제와 고구려를 멸망시켰으니 잘못해도 한참 잘못했다고? 그런데 말이다, 당시 사람들은 삼국이 같은 민족이라는 생각을 못했단다. 아니, '민족'이란 것이 무엇인지조차 생각해 본 적이 없었어. 그러니까 다른 민족을 끌어들여 같은 민족을 멸망시켰다는 비판은 적어도 김춘추와 당시의 사람들에겐 맞지 않는 것 같구나.

　김춘추는 왕이 되었어. 바로 태종 무열왕이야. 태종 무열왕은 백제를 멸망시킨 다음 해에 죽었어. 그의 목표는 처음부터 백제 정복이었어. 고구려까지 정복할 생각은 없었단다. 고구려 멸망 후 대동강에서 원산만 이남의 지역을 통일한 것은 태종 무열왕의 아들 문무왕이었어. 그런데 이때 신라가 통일한 지역에는 고구려의 영토가 포함되지 않아. 신라가 통일한 것은 백제와 신라의 영토였어. 그럼 고구려의 영토는 어찌 되었냐고? 고구려의 유민들이 흩어져 살다가 고구려 멸망 30년 뒤인 698년에 발해가 세워졌어. 그러니 세운이는 알 수 있을 거야. 신라가 통일한 것은 삼국이 아니라는 것을.

❗ 문무왕의 유언

대동강에서 원산만 이남의 지역을 통일한 신라의 문무왕은 세상을 떠나면서 유언을 남겼어.

"내가 죽거든 10일 만에 창고 문 바깥뜰에서 불에 태워 장사 지내라. 왜구가 들어오는 동해 가운데 큰 바위에 장사 지내라. 나는 나라를 지키는 용이 되고 싶다."

대왕암 섬 안쪽에 거북 모양의 화강암이 있는데, 그 밑이 바로 해중릉이라고 해. 해중릉은 아니고 여기에 화장한 유골을 뿌렸다는 주장도 있어.

유언에 따라 문무왕의 시신은 화장되어 동해의 감포 앞바다에 장사 지냈단다. 지금도 감포 앞바다에 가면 조그만 바위섬이 떠 있는 것을 볼 수 있어. 사람들은 이 섬을 대왕암이라고 부르는데, 문무왕을 장사 지낸 곳이 바로 대왕암이라고 해.

그런데 왜 흔히들 신라의 삼국 통일, 또는 통일 신라라고 하는 걸까? 통일 신라라는 이름은 언제 생겼을까? 신라인들 스스로는 통일 신라라는 이름을 사용한 적이 없어. 놀랍게도, 통일 신라라는 이름을 맨 처음 사용한 것은 일제 시대에 우리나라 역사를 연구한 일본 학자들이었단다. 이들은 우리나라를 식민지로 지배하기 위해 우리 역사를 연구하면서 통일 신라라는 이름을 만들어 냈어. 신라가 통일한 것은 삼국이었다고 하면서 고구려의 웅대한 역사와 영토를 우리 역사에서 슬쩍 밀어내 버린 거란다.

꽃처럼 아름다운 남자, 화랑

백제와 신라가 결전을 벌인 황산벌 전투에서 나라를 위해 목숨을 바친 관창은 화랑이었어. 유명한 장군 김유신도 화랑이었단다. 신라의 내로라하는 장수들은 거의 다 화랑 출신이야.

화랑은 신라의 독특한 청소년 단체였어. 화랑은 원화에서 시작되었단다. 원화는 아름다운 여성 두 명을 단장으로 삼아 만든 단체였어. 그런데 원화가 된 두 여성 남모와 준정이 서로 질투를 했단다. 준정은 남모에게 술을 먹여 강물에 던져 버렸어. 일이 탄로 나서 결국 준정도 죽음을 당했지. 원화는 실패로 끝나고 말았단다. 진흥왕은 원화를 화랑으로 바꾸었어. 원화와는 다르게 남성을 단장으로 삼았단다. 화랑은 '꽃처럼 아름다운 남자'란 뜻이야. 진흥왕이 화랑을 만든 목적은 인재를 키우고 나라에 전쟁이 있을 때 군사로 쓰기 위해서였어.

신라 화랑의 모습

그런데 화랑은 아무나 될 수 있는 게 아니라 진골이라야 될 수 있었단다. 화랑을 따르는 낭도는 평민도 될 수 있었지. 나이는 몇 살이어야 하냐고? 열다섯 살부터 열여덟 살 정도였단다.

화랑은 3년 동안 단체 생활을 하면서 무예를 익히고 경치 좋은 곳을 여행하며 몸과 마음을 단련했어. 전쟁이 일어나면 목숨을 바쳐 나라를 위해 싸웠지. 화랑은 신라가 통일을 이루는 데 커다란 힘이 되었어. 그러나 통일 후에는 수련보다 놀이를 주로 하는 단체로 변했단다.

골품의 나라, 신라

751년

특히 6두품들은 진골에게 많은 불만을 느꼈어.
실력으로는 진골에 뒤질 것이 없는데
항상 뒷전에 밀려나 있어야 했으니 왜 불만이 없었겠니.
그래서 6두품 중에는 아예 벼슬을 포기하고
승려가 되거나, 학문을 닦아 학자의 길을 걷는 사람,
왕의 책사가 되어 자신의 재능을 발휘한 사람이 많았단다.
너도 잘 알고 있는 원효 스님은 6두품 출신이었어.

427년
고구려
평양으로 수도 옮김

475년
백제
웅진으로 수도 옮김

527년
신라
이차돈의 죽음과 불교 공인

631년
고구려
천리장성 만듦

지난번 편지에서 우리 신라가 고구려, 백제를 멸망시키고 한반도의 중남부를 통일하는 것을 보았어.

- 오늘은 통일 후의 신라로 가 보자.
- 통일 후 신라는 약 200년 동안 평화를 누렸단다.
- 삼국 시대가 끝임없는 전쟁의 시대였다면,
- 통일 후의 신라는 전쟁이 없는 평화롭고 안정된 시대였어.
- 신라에는 통일 전부터 골품제라는 독특한 신분 제도가 있었어.
- 이 제도는 사람을 골과 두품으로 나누어 신분을 정해 놓은 거란다.
- 신라 사람들은 태어나면서 자동으로 부모의 신분을 물려받았어.
- 신분 제도는 신라에만 있었던 것이 아니라 고구려, 백제에도 있었어.
- 우리나라뿐 아니라 일본, 중국, 인도, 유럽에도 나름의 신분 제도가 있었다고 했지?
- 그렇지만 신라의 골품제만큼 사람들의 일상생활까지
- 시시콜콜히 간섭한 경우는 찾아보기 어려워.
- 그래서 신라 사람들의 삶을 이해하려면 골품제를 알아야 한단다.
- 그럼, 골품제 아래에서 신라 사람들은 어떻게 살았는지 알아보자.

676년
신라
한반도의 중남부 통일

751년
신라 불국사와 석굴암 건립

818년
발해
선왕 즉위.
전성기를 맞아 해동성국이라 불림

● 골품제에는 성골과 진골이라는 '골' 신분과 6두품부터 1두품까지 여섯 등급의 '두품'이라는 신분이 있었어. 그리고 두품 아래에는 평민이 있었지. 두품 중에서는 6두품이 가장 높고, 숫자가 작아질수록 신분이 낮아져서 1두품이 가장 낮았어. 그런데 시간이 좀 흐른 뒤에 1두품에서 3두품까지는 평민과 똑같이 취급되었어. 그래서 성골, 진골, 6두품, 5두품, 4두품, 평민, 이렇게 신라인의 골품제가 완성되었단다.

일상생활까지 간섭하는 골품제

성골과 진골은 왕족이야. 이들은 오를 수 있는 벼슬에 제한이 없었어. 성골과 진골이 어떻게 다른가에 대해서는 학자들 간에도 서로 의견이 다른데, 성골은 처음부터 있었

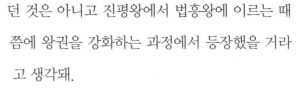
● 여러 가지 신라의 기와
—국립경주박물관

도깨비 얼굴무늬 기와

얼굴무늬 수막새

연꽃무늬 수막새

인동보상화무늬 수막새　**불상무늬 수막새**

당초무늬 암막새　**기린무늬 암막새**

던 것은 아니고 진평왕에서 법흥왕에 이르는 때쯤에 왕권을 강화하는 과정에서 등장했을 거라고 생각돼.

골품에 따라 올라갈 수 있는 벼슬의 한계가 정해져 있었어. 진골은 최고 벼슬인 이벌찬까지 오를 수 있지만, 6두품은 6위 관직인 아찬까지, 5두품은 10위 관직인 대나마까지, 4두품은 12위 관직인 대사까지밖에 오를 수 없었단다.

제아무리 뛰어난 재능을 가진 사람이라도 신분이 낮으면 골품의 벽을 뛰어넘어 높은 벼슬에 오를 수 없었어.

골품제는 신라인의 생활 구석구석까지 파고들어 영향을 미쳤어. 결혼도 같은 신분끼리 하는 것이 원칙이었지. 그리고 골품에 따라 옷차림과 집의 규모, 심지어는 매일 사용하는 그릇까지 시시콜콜 기준이 정해져 있었단다.

여자들의 겉치마, 속치마, 비녀, 빗, 그 색깔과 재료까지 정해져 있었어. 물론 높은 신분일수록 더 화려하고 질 좋은 것을 쓰게 되어 있었어.

집의 크기는 진골은 24자, 6두품은 21자, 5두품은 18자, 4두품 이하는 15자를 넘지 못하게 되어 있었어. 마구간에 넣을 수 있는 말의 수도 6두품은 다섯 마리, 5두품은 세 마리, 4두품 이하는

신라 귀족의 집안 풍경
신라는 골품에 따라 집의 크기부터 사용하는 그릇까지 자세하게 정해져 있었어.

두 마리로 정해져 있었단다.

지금으로 치면 신분에 따라 아파트 평수와 주차장 평수가 다르게끔 법으로 정해져 있었던 거야. 정말 놀랍지?

6두품의 불만

이렇게 골품제는 신라인의 가정생활부터 사회생활까지 전체를 지배하고 있었어. 그래서 신라를 '골품제 사회'라고 한단다.

높은 신분으로 태어나지 못한 사람은 자연히 불만을 갖게 되었을 거야. 특히 6두품들은 진골에게 많은 불만을 느꼈어. 실력으로는 진골에 뒤질 것이 없는데 항상 뒷전에 밀려나 있어야 했으니 왜 불만이 없었겠니.

그래서 6두품 중에는 아예 벼슬을 포기하고 승려가 되거나, 학문을 닦아 학자의 길을 걷는 사람, 왕의 책사가 되어 자신의 재능을 발휘한 사람이 많았단다. 너도 잘 알고 있는 원효 스님은 6두품 출신이었어. 신라가 자랑하는 유학자 최치원도 6두품이었단다.

최치원은 어려서부터 신동으로 소문이 자자했던 인물이야. 그는 당나라에 유학 가서 열여덟 살에 '빈공과'에 합격했단다. 빈공과란 당나라에서 외국 유학생들에게 보이는 과거 시험이야.

신라 3최

신라의 6두품 출신 중에는 빈공과에 합격한 인재들이 많았어. 그중 최치원, 최언위, 최승우 세 사람을 일컬어 '신라 3최'라고 했단다. 묘하게도 셋 다 같은 시기에 살았어. 신라가 후삼국으로 갈라졌을 때 최승우는 후백제로 가서 견훤의 책사가 되고, 최언위는 고려로 가서 왕건의 신하가 되었으며, 최치원은 신라를 구해 보려다가 실패하고 속세를 떠났어. 이렇게 '신라 3최'가 걸어간 길은 서로 달랐단다. 당시에 살았다면 넌 어떤 길을 택했겠니?

그러나 유학을 마치고 신라로 돌아온 최치원을 기다린 것은 혼란한 정치와 골품이라는 신분 제도의 장벽뿐이었어.

그래서 최치원은 왕에게 상소를 올렸어. 심혈을 기울인 개혁안을 담은 상소였지. 하지만 개혁안은 실현되지 않았어. 몹시 절망한 최치원은 벼슬을 버리고 산천을 떠돌아다니다가 세상을 떠났단다.

경주 상서장
최치원이 머물며 공부하던 곳이야. 최치원은 아마도 이곳에서 상소문을 쓰지 않았을까? 그래서 왕에게 글을 올린 집이라는 뜻으로 상서장이라고 불러. 지금의 건물은 최근에 다시 지은 것이란다.

신라에만 여왕이 있었던 이유

신라에는 여왕이 세 명 있었어. 선덕, 진덕, 진성 여왕이야. 우리 역사에서 유일하게 여왕이 있었던 나라가 바로 신라란다. 신라에만 여왕이 있었던 이유는 무엇일까? 여성의 힘이 특히 강했던 걸까?

여자가 나라를 다스린 경우는 고려와 조선에도 여러 번 있었어. 왕이 나이가 너무 어려 정사를 볼 수 없거나, 뭔가 특별한 이유로 왕 노릇을 할 수 없을 때 왕실의 웃어른인 대비가 잠시 정치를 대신하는 경우야. 이것을 '수렴청정'이라고 해. 발을 드리우고 정사를 본다는 뜻이야. 여자인 대비가 남자 신하들과 얼굴을 맞대는 것

* 垂 드리울 수
簾 발 렴
聽 들을 청
政 정사 정

은 예법에 어긋나는 일로 생각했기 때문에, 발을 드리우고 그 뒤에서 정사를 보았지. 그러나 수렴청정은 임시적인 일이었어. 신라처럼 여자가 직접 왕이 되는 경우와는 다르단다.

신라에만 여왕이 있었던 것은 골품제와 관련이 있어. 선덕 여왕은 진평왕의 맏딸인데, 진평왕에게는 아들이 없었어. 성골로 왕위를 이을 사람은 선덕 여왕뿐이었단다.

뒤를 이은 진덕 여왕 역시 성골 남자가 없었기 때문에 왕이 되었어. 진덕 여왕은 선덕 여왕의 사촌이야. 그리고 진성 여왕의 경우는 조금 설명이 복잡한데, 간단히 말하면 다른 집안으로 왕위가 넘

> ### ❗ 혜초의 인도 여행기, 《왕오천축국전》
>
> 1908년 중국 감숙성 돈황에 있는 석굴에서 낡은 책 한 권이 발견되었어. 첫부분과 끝부분이 떨어져 나간 이 책은 727년 혜초가 쓴 인도 여행기 《왕오천축국전》의 필사본이었단다. 혜초는 신라 성덕왕 때의 스님인데, 스무 살 때 당나라로 가서 인도 출신 승려 금강지의 제자가 되어 인도로 가는 배를 탔어. 천축이란 당시 인도 또는 인도 방면을 일컫던 이름이란다. 산스크리트 어의 '신두'에서 나온 말이라고 해.
>
> 혜초는 10여 년 동안 황량한 사막과 뜨거운 열대 지방을 두루 거치며 10만 리 길을 걸어 여행하면서 인도와 동남아시아, 중앙아시아 여러 나라의 사회생활, 자연환경, 풍습, 문화, 역사 들을 꼼꼼하게 기록했어. 《왕오천축국전》은 8세기 초의 인도와 중앙아시아에 대한 아주 귀한 책이란다.

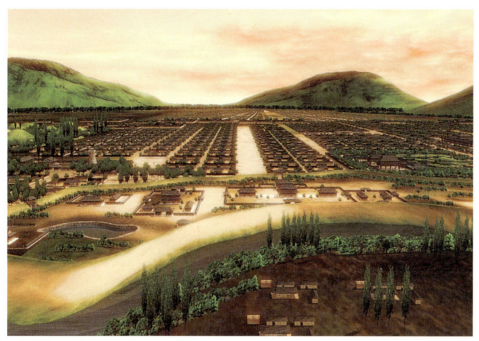

신라 왕경도
신라의 수도 금성(지금의 경주)을 복원한 그림이야. 당시의 금성은 지금의 경주보다 몇 배나 더 컸어. 반듯하게 뚫린 길, 날아갈 듯한 기와집들이 빼곡한 것을 보니 금성은 신라의 중심이었다는 말이 실감나. 골목 사이로 신라 사람들이 나타날 것만 같구나.

어가는 것을 막기 위해 선택되었어.

신라에만 여왕이 있었던 이유는 신라 여성들이 특별히 자유롭고 강했기 때문이 아니라, 골품제라는 신분 제도 안에서 자격을 갖춘 인물을 찾다 보니 여왕이 즉위하게 된 거란다.

전성기를 맞은 신라

통일 후 약 100년쯤 지난 8세기 무렵, 신라는 전성기를 맞았어. 그때 신라를 다스린 왕은 경덕왕이었단다.

우리가 알고 있는 신라의 예술품들은 거의 다 이때 만들어졌어. 불국사, 석굴암, 에밀레종이라

성덕 대왕 신종
종의 크기는 높이 3.36미터, 입지름 2.27미터, 입둘레 7.73미터, 두께 24센티미터란다. 무게는 18.9톤이야. 이 종을 만드는 데 무려 12만 근의 구리가 들어갔어. 아기를 넣고 만들었다는 전설이 깃들어 있기도 해.

경주 불국사
신라의 전성기를 대표하는 절이야. 석굴암과 함께 경덕왕 때 만들어졌어.

는 이름으로 더 유명한 성덕 대왕 신종, 무게가 49만 근에 달했다는 황룡사 종, 무게 30만 근의 분황사 약사여래상, 당나라 황제가 감탄해 마지않았다는 1만 개 불상을 모신 만불산이 모두 경덕왕 때 만들어졌어.

전성기를 맞은 신라는 정치가 안정되고 농업, 상업, 수공업이 발달하여 번영을 누렸어. 수도 금성(지금의 경주)에는 큰 시장이 들어서고, 문화가 찬란히 꽃피었단다.

이때 신라 문화의 특징은 신라의 고유한 문화를 바탕으로 고구려, 백제의 문화를 종합하고 당의 문화까지 받아들인 점이야. 그래서 신라에 이르러 우리의 고유문화가 틀을 이루었다고들 말해.

에밀레종에 얽힌 전설을 알고 있니? 그래, 아기를 넣고 종을 만들었다고 하지? 에밀레종은 경덕왕이 아버지 성덕왕의 업적을 기리기 위해 만든 거대한 종이야. 정식 이름은 '성덕 대왕 신종'이지. 봉덕사라는 절에 걸어 놓았기 때문에 '봉덕사 종'이라고도 해.

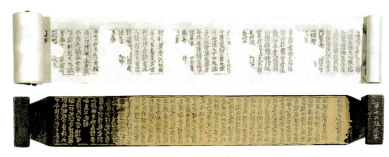

무구정광대다라니경
불국사 석가탑을 수리하기 위해 탑을 해체했을 때, 탑 안에서 다라니경을 인쇄한 두루마리 종이가 발견되었어. 다라니경은 불경의 한 종류란다. 아래의 목판은 발견된 다라니경을 찍어 냈을 목판을 복원해 놓은 거야. —국립청주박물관

성덕 대왕 신종은 신라인들의 종 만드는 기술이 얼마만큼 훌륭했는지 알게 해 주는 걸작이란다. 하지만 아기를 넣고 만들었다는 전설은 나라에서 종을 만들거나 궁궐을 짓거나 성을 쌓는 것 같은 대규모 공사를 벌일 때마다 백성들이 얼마나 심한 고통을 겪어야 하는지를 말해 주고 있어. 큰 공사를 할 때마다 백성들은 나가서 일을 하거나 집집마다 재물을 바쳐야 했어. 바칠 것이 없으면 아기라도 바쳐야 했을 정도로 말야.

인쇄술도 눈부시게 발전했어. 불국사 석가탑에서 발견된 〈무구정광대다라니경〉은 세계에서 가장 오래된 목판 인쇄물로 알려져 있단다.

전성기를 맞은 신라의 수도 금성에는 초가집이란 찾아볼 수 없고 기와집뿐이었어. 그리고 밥을 지을 때 연료로 나무가 아니라 숯을 썼다고 해. 숯은 나무보다 훨씬 비쌌단다. 그 정도로 풍요로웠다는 뜻이야. 금성에 사는 사람들은 귀족이거나 아주 잘사는 사람들이었으니까 그럴 만했겠지.

하지만 지방에 사는 일반 백성들의 생활은 그처럼 풍요롭지 못

등짐 진 사람 토우
몸집만큼이나 큰 짐을 지어 나르고 있구나. 신라의 평범한 백성들의 생활은 아마도 이렇지 않았을까? —국립경주박물관

했어. 농사가 잘 안 되어 흉년이 들면 굶어 죽거나 자식을 팔아넘기는 일까지 벌어졌단다.

경덕왕 때 충청도 공주에 살던 향득은 심한 흉년이 들어서 아버지가 거의 굶어 죽게 되자, 자기의 다리 살을 베어 아버지에게 먹였다고 해.

또, 흥덕왕 때 손순이란 사람은 늙은 어머니의 밥을 빼앗아 먹는 아이를 땅에 묻으려다가 땅속에서 종을 발견했지. 그 종 덕분에 나라로부터 집과 먹을 것을 얻어 가난에서 벗어났단다.

이렇게 신라가 꽃피운 찬란한 문화의 뒷면에는 백성들의 고달픈 생활과 눈물겨운 노력이 감춰져 있단다.

신라인의 노래, 향가

향가는 신라인들이 지어 부른 노래란다. 향가에는 신라인들의 마음이 담겨 있어. 그런데 당시는 아직 한글이 만들어지기 전이라 우리 글자가 따로 없었어. 그래서 향가는 한자의 음과 뜻을 따서 표기했단다.

안압지에서 발견된 악기를 연주하는 선녀상 —국립경주박물관

향가 중 널리 알려진 것으로 '헌화가'가 있어. 이 노래는 경덕왕비의 어머니인 수로 부인에게 바치는 노래란다. 수로 부인은 굉장한 미인이었다고 해. 수로 부인이 남편을 따라 강릉으로 가다가 바닷가에서 잠시 쉬면서 점심을 먹고 있을 때였어. 가까이에 솟아 있는 절벽에 한 떨기 붉은 진달래꽃이 탐스럽게 피어 있었단다. 수로 부인은 그 진달래꽃을 몹시 갖고 싶어 했어. 하지만 깎아지른 듯한 절벽이라 아무도 선뜻 나서지 않았단다. 그때 암소를 끌고 지나가던 어떤 노인이 고삐를 놓고 절벽에 기어 올라가 꽃을 꺾어다 수로 부인에게 바쳤어. 노인은 꽃을 바치며 노래를 지어 불렀단다. 그 노래가 바로 '헌화가'야.

> 붉은 바윗가에 손에 잡은 어미 소 놓으시고
> 나를 부끄러워 아니하시면 꽃을 꺾어 드리오리다

헌화가 외에 지금까지 전해 오는 향가로는 '도솔가', '제망매가', '찬기파랑가', '혜성가' 등이 있어. 진성 여왕은 신하들에게 신라의 향가들을 모아 《삼대목》이라는 향가집을 만들게 했단다. 그러나 아쉽게도 《삼대목》은 오늘날 전해 오지 않아.

신비의 나라, 발해

818년

발해의 문왕은 외국에 보내는 국서에서 스스로를 '고려 왕'이라고 했어.
여기서 고려는 고구려를 말한단다.
또, 일본이 발해에 보낸 국서에도 발해 왕을 '고려 왕'이라고 부르고 있어.
《속일본기》라는 일본 역사책에는 발해에서 간 사신을
고려 사신으로 기록하고 있지.
발해의 왕들은 스스로를 고구려의 계승자로 생각했고,
외국에서도 그렇게 인정하고 있었다는 것을 알 수가 있어.

427년
고구려
평양으로 수도 옮김

475년
백제
웅진으로 수도 옮김

527년
신라
이차돈의 죽음과 불교 공인

631년
고구려
천리장성 만듦

발해는 고구려가 멸망한 뒤 그 땅에 들어선 나라였어.
그런데도 발해는 우리들에게 오랫동안 잊힌 나라였어.
우리 역사와는 별 상관없는 것으로 여겨져 왔던 거야.
조선 시대 유학자들은 우리 역사가 '삼국-신라-고려-조선'으로
이어져 왔다고 생각했어. 그래서 발해를 우리 역사에 포함시키지 않았지.
그런데 조선 후기의 실학자 유득공은 《발해고》란 책을 써서
'남북국 시대'를 주장했단다. 그는 발해는 엄연히 우리의 역사라면서
남쪽엔 신라, 북쪽엔 발해가 있었던 시기를
'남북국 시대'라 불러야 한다고 주장했어.
요즘은 발해를 분명한 우리 역사라고들 생각하고 있어.
그래서 교과서에서도 발해가 당당하게 한몫을 차지하고 있단다.
하지만 발해는 여전히 신비로운 나라야.
우리가 발해에 대해 모르는 것이 너무나 많기 때문이란다.
그럼, 오늘은 발해의 신비를 벗겨 줄 실마리를 찾아 역사 여행을 떠나 보자.

676년
신라
한반도의 중남부 통일

751년
신라
불국사와 석굴암 건립

818년
발해 선왕 즉위.
전성기를 맞아 해동성국이라 불림

● 발해는 소수의 고구려인이 다수의 말갈인을 다스리는 나라였다고 해. 정확히는 알 수 없지만 고구려인이 약 40퍼센트, 말갈인이 약 60퍼센트를 차지했다는구나.

그렇다면 발해는 고구려를 계승한 나라라고 할 수 없지 않을까? 오히려 말갈인의 나라라고 하는 편이 옳지 않을까? 실제로 러시아와 중국의 학자들은 발해를 말갈인의 나라라고 주장하고 있어.

발해가
우리 역사인 이유

그런데 말갈인은 어떤 사람들일까? 말갈은 중국인들이 붙여 준 이름이야. 말갈인 스스로 무엇이라고 불렀는지는 알 수 없단다. 중국인들은 넓은 만주 일대에 흩어져 사는 사람들을 통틀어 말갈이라고 불렀어. 속말말갈, 백산말갈, 흑수말

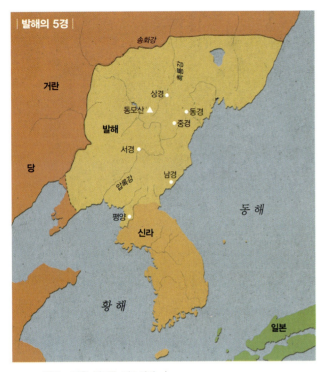

발해는 넓은 영토를 다스리기 위해 상경, 중경, 동경, 서경, 남경 등 5경을 두었어. 여러 차례 수도를 옮겼는데 그중 상경에 가장 오래 머물렀단다.

갈, 이런 식으로 말야. 속말말갈은 송화강 근처에 사는 사람들을 말하고, 백산말갈은 백두산 일대에 사는 사람들, 흑수말갈은 흑룡강 근처에 사는 사람들을 가리켰어.

그런데 중국인들이 말갈이라고 부른 사람들은 실은 대부분 고구려 유민이었어. 원래 고구려는 우리 민족 외에도 말갈, 거란 등 여러 종족으로 이루어진 나라였단다. 마치 지금의 미국이 백인, 흑인, 아시아인 등 여러 종족으로 이루어진 나라이듯이 말야.

고구려가 멸망한 뒤에 이들은 그대로 옛 땅에 살고 있었어. 그러니까 고구려 유민에는 우리 민족뿐 아니라 말갈 출신 고구려인도 있고, 거란 출신 고구려인도 있었던 거야. 발해는 바로 이런 사람들의 나라였어.

발해인이 사용한 고구려 금동판
함경남도 신포시 오메리 절골에서 발견되었어. 고구려 때 만들어진 금동판인데 이상하게도 발해 유적층에서 발견되었단다. 아마 고구려 때 것을 발해 시대에 들어서도 계속 사용했기 때문일 거야.

발해인들이 스스로를 어떻게 생각했는지 알아보면 더 분명해질 거야. 발해의 문왕은 외국에 보내는 국서에서 스스로를 '고려 왕'이라고 했어. 여기서 고려는 고구려를 말한단다.

또, 일본이 발해에 보낸 국서에도 발해 왕을 '고려 왕'이라고 부르고 있어. 《속일본기》라는 일본 역사책에는 발해에서 간 사신을 고려 사신으로 기록하고 있지. 발해의 왕들은 스스로를 고구려의 계승자로 생각했고, 외국에서도 그렇게 인정하고 있었다는 것을 알 수가 있어.

신라의 학자 최치원 역시 발해를 고구려를 계승한 나라로 알고 있었어. 그는 이렇게 말했단다.

"지난날의 고구려가 오늘의 발해다."

발해에 대해 기록한 일본의 목간
일본의 옛 왕궁 터에서 발견된 목간이야. 목간은 종이가 귀하던 때에 종이 대신 나뭇조각에 쓴 문서란다. 맨 오른쪽의 목간을 자세히 보면 한자로 '견고려사'라고 씌어 있어. 일본은 발해에 보내는 사신을 '고려사'라고 불렀던 거야.

발해를 세운 대조영

이제 발해가 어떻게 건국되었는지 알아보자. 고구려가 멸망할 때, 약 20만 명의 고구려인들이 당나라로 끌려갔다고 했지? 끌려간 사람들은 당나라 이곳저곳으로 흩어져서 살게 되었어. 요하의 서쪽, 그러니까 요서 지방에 있는 영주라는 곳에는 그렇게 끌려온 고구려인들이 많이 살고 있었어. 고구려인 외에 거란인, 말갈인들도 함께 살고 있었단다.

동모산(지금의 성산자산성)
발해의 첫 도읍지였던 동모산이야. 대조영은 이곳에 나라를 세우고 '진국'이라 이름 지었어.

대조영은 영주에 사는 고구려인이었어. 그런데 영주에 사는 거란인들이 반란을 일으켰어. 당나라 관리인 영주도독 조문홰가 당나라인 아닌 사람들을 몹시 학대했기 때문이야. 이 반란에 고구려인들과 말갈인들도 참여했어. 말갈인 걸사비우, 대조영의 아버지 걸걸중상이 이들의 지휘자였어. 당나라는 반란을 진압하기 위해 군사를 보냈지만 별 성과 없이 시간만 보냈어.

걸사비우와 걸걸중상은 기회를 봐서 무리를 이끌고 영주를 탈출하여 동쪽으로 향했어. 당나라는 장군 이해고를 보내 뒤쫓게 했지. 걸사비우군과 당나라군 사이에 전투가 벌어졌는데, 걸사비우는 전사하고 말았어.

살아남은 말갈인들과 고구려인들은 천문령에서 당군을 맞아 결전을 벌였단다. 천문령은 만주 길림에 있는 밀림 지대로 아주 험준한 곳이었어. 대조영은 숲 속에 군사들을 매복시켰다가 당군을 기습하여 전멸시켰어.

대조영은 무리를 이끌고 송화강을 건너 동모산으로 갔어. 지금의 만주 길림성 돈화시에 있는 '성산자산'이 바로 그곳이란다. 고구려의 옛 땅이었지. 대조영은 동모산 기슭에 궁궐과 성을 짓고, 이곳을 도읍으로 정하고 나라를 세웠어. 나라 이름은 '진국'이라고 했단다. 이때가 698년, 고구려의 평양성이

돌궐
투르크라고도 해. 6세기부터 약 200년 동안 중앙아시아를 지배했던 유목민이야.

함락당한 지 꼭 30년 뒤였어.

해동성국이라고 불린 발해

상경성 회랑의 주춧돌
건물 회랑(복도)이 있었던 곳의 주춧돌 흔적이야. 상경성에는 궁전이 일곱 개나 있었다고 해. 상경성이 얼마나 웅장했는지 짐작할 만하구나.

진국은 눈부시게 성장했어. 돌궐과 신라에 사신을 보내 화친을 맺고, 고구려의 옛 땅을 차례차례 손에 넣으면서 날로 강성해져 갔어. 당 현종은 어쩔 수 없이 사신을 보내 화해를 청했단다. 그러면서 대조영을 '발해군왕'이라고 불러 주었어. 이것은 진국을 인정한다는 뜻이었단다. 이때부터 진국은 발해라고 불리게 되었어.

대조영이 세상을 떠나고, 태자 무예가 왕위에 올라 무왕이 되었어. 무왕은 일본과 친하게 지내면서 당과 싸웠어. 신라는 발해가 처음 건국되었을 때는 사이좋게 지내려고 했지만, 발해가 급속도로 강해지자 당나라와 손잡고 발해를 멀리했단다.

무왕의 뒤를 이은 문왕은 당과 싸움을 그만두고 친하게 지내면서 나라 안을 다스리는 데 힘을 기울였어. 수도를 동모산에서 목단강이 흐르는 상경 용천부로 옮겼어. 지금의 만주 흑룡강성 영안현 동경성이란다.

건국한 지 약 150년 만인 9세기 초, 발해는 전성기를 맞았어. 발

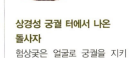

상경성 궁궐 터에서 나온 돌사자
험상궂은 얼굴로 궁궐을 지키고 있었나 봐.

해는 고구려 문화와 당나라 문화를 받아들여 독특한 문화를 발달시켰어. 돌궐을 비롯한 중앙아시아 여러 나라의 문화도 받아들였어. 발해의 문화가 활짝 꽃핀 것은 9세기 무렵 선왕 때란다.

또, 발해의 영토는 남으로는 신라와 국경을 맞대고, 북으로는 흑룡강, 동으로는 바다, 서로는 거란과 맞닿았단다. 지금의 북한 지역 대부분, 만주, 그리고 러시아의 연해주가 모두 발해의 영토였어. 당나라는 발해를 '바다 동쪽의 번영한 나라'라는 뜻으로 '해동성국'이라고 불렀단다.

발해 석등
높이 6.4미터로 광개토 대왕릉비와 키가 비슷한 거대한 석등이야. 발해의 수도 상경에 있는 절터에 서 있단다. 석등의 규모가 이 정도니까 절은 얼마나 크고 웅장했을까?

수수께끼를 풀어 준 두 공주

오랫동안 수수께끼에 싸여 있던 발해의 모습을 우리 앞에 드러내 보여 준 건 두 공주였어. 문왕의 둘째 딸 정혜 공주와 넷째 딸 정효 공주의 무덤이 발견되었는데, 두 무덤에서 여러 가지 유물과 벽화, 비문들이 나와서 발해에 대한 궁금증을 풀어 주었단다.

두 공주는 젊은 나이에 아버지보다 먼저 세상을 떠났어. 문왕은 딸들을 무척 사랑했나 봐. 딸들이 죽자 얼마나 슬펐는지 정사를 돌보기 어려울 정도였다는구나.

정효 공주 무덤에는 벽화가 그려져 있어. 벽화에 등장하는 사람들은 열두 명이야. 커다란 저택의 문을 지키고 있는 무사, 시중드

정효 공주 무덤 벽화
열두 명의 무사, 악사들이 그려져 있어. 발해 사람들의 모습을 알게 해 주는 아주 귀중한 벽화야. 어떤 학자는 이 열두 명이 남자 옷차림을 하고 있지만 사실은 남장을 한 여자라고 주장해. 당시 발해 여자들 사이에서는 남장을 하는 것이 유행이었다는구나.

는 몸종들, 음악을 연주하는 악사, 일산을 받쳐 들고 햇빛을 가려 주는 하인……. 아마 정효 공주를 모셨던 사람들일 거야.

벽화에 그려진 사람들을 보면 발해인의 생김새를 짐작할 수 있어. 통통한 얼굴에 둥근 뺨, 보기 좋게 살찐 모습이란다.

무덤에서 발견된 비문은 발해인들이 직접 쓴 것으로는 처음 발견된 것이었어. 비문에 씌어 있는 내용을 보고 발해에 대해 아주 많은 것을 알게 되었지.

비문을 보면 발해의 한문 수준이 상당히 높았던 것을 알 수가 있어. 신라와 마찬가지로 발해에도 당나라로 공부하러 간 유학생들이 많았어. 그중에는 당나라의 빈공과에 합격한 사람이 여러 명 있었단다.

함화 4년명 비상
일본 구라시키 시 오하라 미술관에 있는 발해 유물이야. 함화 4년, 즉 834년 발해에서 만든 것인데 어떻게 일본에 있게 되었는지는 알 수 없단다. 비상이란 비석에 불상을 새겨 넣었다는 뜻이야. 아래쪽의 비문을 보면, 발해의 관리 조문휴의 어머니가 불교를 믿는 사람들을 위해 이 비상을 만들었다고 씌어 있어.

신라에서 간 유학생들과 발해에서 간 유학생들은 나라의 명예를 걸고 서로 경쟁하면서 공부했단다.

발해는 불교를 숭상했어. 발해의 불교는 고구려의 불교를 이어받았단다. 발해의 불교 예술품에는 웅장하고 힘찬 기상이 흐르고 있어. 불상, 석등, 연꽃무늬 기와는 퍽 아름답단다.

발해의 기와는 질 좋고 매우 단단해서 실용적이야. 기와에 문자가 씌어 있는 것이 많은데, 한자도 있지만 무슨 글자인지 알 수 없는 글자도 있어. 혹시 발해의 글자가 아닐까? 그리고 발해의 말과 담비 모피는 발해가 자랑하는 특산물이었어. 일본과 국교를 맺기 위해 배를 타고 동해를 건너 일본에 갔던 발해 사신 고제덕은 300장의 담비 모피를 갖고 갔다는구나.

발해의 멸망

발해는 약 230년 동안 계속되었어. 신라가 후삼국으로 갈라져 궁예, 견훤, 왕건이 서로 치열하게 싸우고 있을 때도 발해는 그 북쪽에서 강대함을 자랑하고 있었단다. 그런 발해가 왜, 어떻게 해서 멸망했을까?

발해를 멸망시킨 건 거란이었어. 거란은

상경성 터
하늘에서 내려다본 발해의 상경성 터란다. 네모꼴로 보이는 곳이 상경성이야. 발해는 우리 역사상 가장 넓은 영토를 가졌던 나라지만 그 영토는 오늘날 셋으로 갈라져 중국, 러시아, 북한에 각각 속해 있어. 발해 연구는 이들 세 나라의 협력이 없으면 제대로 하기가 어렵단다.

몽골의 초원 지대에서 일어나 동쪽으로 뻗어 와서 발해를 위협했단다. 926년, 거란은 발해의 수도 상경 용천부를 포위했어. 발해의 마지막 왕 대인선은 불과 며칠 만에 항복하고 말았단다.

강대함을 자랑하던 발해가 그렇게 빨리 무너진 이유는 무엇일까? 발해인들이 직접 쓴 역사책이 오늘날 남아 있지 않아 정확한 것은 알 수 없지만, 거란인들이 남긴 역사책에는 "발해의 국내가 서로 뜻이 맞지 않는 틈을 타서 싸우지도 않고 이겼다."고 씌어 있어. 그러니까 아마도 고구려처럼 지배층의 권력 다툼 때문에 나라가 허약해진 틈에 거란의 공격을 받아 무너진 게 아닐까 싶구나.

그럼 살아남은 발해인들은 어디로 갔을까? 태자 대광현은 고려

청동 기마인물상
상경성에서 발견된 것인데 현재 일본에 있어.

신비의 나라, 발해

발해의 영광탑
탑 밑에 무덤이 있을지도 몰라. 발해 사람들은 무덤 위에 탑을 쌓았어. 발해의 독특한 풍습이지.

로 갔어. 왕건은 대광현을 후하게 대접해 주었지. 발해 유민들 중에는 고려로 간 사람들이 많단다.

❗ 발해인의 시

일본에 간 발해 사신들이 남긴 한문 시를 보면 발해인들의 수준 높은 한문 실력을 짐작할 수가 있어. 발해 사신이 도착하면 일본은 신하들 중에서 특별히 한문 잘하고 시 잘 짓는 사람들을 뽑아 대접했단다.

다음은 814년에 사신으로 간 발해인 왕효렴이 지은 시야. 일본의 극진한 대접을 받고 흐뭇한 마음으로 지은 한문 시란다.

주인이 변청에서 잔치를 여니
상경에서처럼 심히 취하였네
아마 비님도 성의를 안 듯
단비가 촉촉이 내려 나그네 마음 적시네

글자가 새겨진 발해 기와
위에서부터 成(성), 天(천), 맨 아래는 무슨 글자인지 알 수 없단다.
—서울대학교박물관

발해의 길

발해는 중앙에는 3성과 6부를 두고, 전국을 5경 15부 62주로 나누어 다스렸어. 5경은 상경, 동경, 서경, 남경, 중경을 말한단다. 수도 상경은 당나라의 수도 장안성 다음으로 큰 도시였어. 상경의 한복판에는 '주작대로'라는 직선으로 곧게 뻗은 길이 나 있었어.

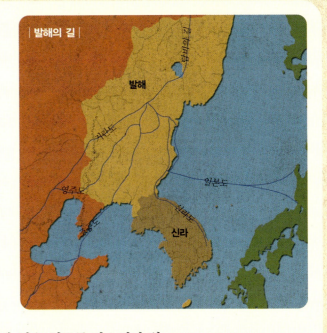

발해의 영토는 매우 넓었어. 아마 전성기의 고구려보다 더 넓었을 거야. 그렇게 넓은 영토를 다스리기 위해서는 잘 닦인 길이 필요했지. 서양의 고대 로마 제국이 정복지를 다스리기 위해 로마로 가는 길을 닦아서 '모든 길은 로마로 통한다.'는 말을 낳았듯이, 발해도 넓은 영토를 효율적으로 다스리기 위해 길을 닦았단다.

발해의 길은 5경을 서로 이어 주는 길, 영주도와 조공도를 따라 당으로 가는 길, 거란으로 가는 길, 일본으로 가는 길, 신라로 가는 길, '담비의 길'을 따라 시베리아와 중앙아시아로 가는 길이 있었어. 한마디로 '모든 길은 상경으로 통한다.'고나 할까?

상경의 시장에는 각지에서 온 물건들이 가득 쌓여, 없는 물건이 없었다고 해. 잘 닦인 길을 통해 교역이 활발하게 이루어졌기 때문이란다.

찾아보기

ㄱ

가락바퀴 028
가야 096~101
가야 토기 100
간석기 026, 038
간접 떼기 039
갈돌, 갈판 037
강수 100
개로왕 109, 119, 121, 123
거란 109, 198, 204
거서간 095
거푸집 044
건국 신화 047
걸걸중상 200
경덕왕 189
계백 165~168
《고금주》 060
고구려 104~113
고령가야 098
고령 지산동 무덤 098
고사리 무늬 철기 083
고안무 142
고이만년 123
고인돌 043, 052~053

고조선 042~069
고흥 125
골품제 183~189
공동체 생활 021
공무도하가 061
공주 석장리 017
공후 061
과하마 079
곽리자고 061
관산성 174
관창 167, 179
광개토 대왕 106~110
광개토 대왕릉비 106, 114
구석기 시대 017
구석기인 023
구지봉 097
궁남지 130
국내성 090, 106
그물추 027
근초고왕 092, 125
금굴 018
금관가야 097
금당 벽화 145
금동 대향로 127
금동 신발 142
금동 미륵 보살 반가 사유상 141

금성 190
금와왕 087
긁개 017
기벌포 172
길림성(지린 성) 090, 106, 149
김무력 174
김서현 153
김유신 100, 154, 161, 165, 179
김춘추 175~176
김치 058, 151
김품일 167
김흠순 167

ㄴ

나정 094
나제 동맹 110, 119, 174
낙랑 067
낙랑국 105
낙랑 공주 105
낙랑 토성 068
낙화암 168
난방 031, 060
남건 170
남모 179
남산 170

남생 170
노리사치계 142
노반박사 125
농경무늬 청동기 057
농사 짓기 035
농업 혁명 037
눌러떼기 039

ㄷ

다보탑 126
다카마쓰 고분 벽화 부인도 143
다호리 080, 083
단군왕검 047, 049
단궁 079
단양 금굴 017
단양이 142
담덕 107
담징 144
담혜 142
대가야 098
대광현 205
대웅전 139
대왕암 177
대인선 205
대조영 199, 201

덕천 승리산 동굴 017
도림 121
도미 부인 121
도솔가 193
도심 142
독무덤 129
돌궐 200
돌도끼 032
돌보습 034
돌칼 032
돌화살촉 019, 031
동가강 090
동굴곰 019
동명왕릉 074
동모산 200
동부여 087, 089
동예 073, 078, 082
따비 057, 080
뗀석기 038

ㄹ

러복 020
로물루스와 레무스 047, 048

ㅁ

마니산 051
마라난타 135
마르스 047
마립간 095
마한 079, 125, 129
만노군 153
만달인 023
만명 153
만불산 190
말갈 108, 197
매소성 172
모루떼기 039
목조 미륵 보살 반가 사유상 141
목축 035
몽촌토성 120~121
무구정광대다라니경 191
무당 050, 095
무령왕 127~128
무왕 128, 130, 139
무왕(발해) 201
문왕 201
무천 082
문무왕 151, 177
문주왕 120

미륵사 139
미륵사지 석탑 사리봉안기 131
미추홀 091
민며느리 제도 078
민무늬 토기 059

ㅂ

바위그림 030
박혁거세 094
반구대 030
반굴 167
반달 돌칼 059
발해 177, 197~207
《발해고》 196
발해군왕 201
발해 기와 206
발해 석등 202
발해 영광탑 206
백매순 125
백제 075, 080, 091~093, 109
백제 돌무지무덤 093
백제 사신 126
범금 8조 065
법흥왕 136, 184
벼농사 058, 080

벽골제 081
변한 080, 097
보장왕 172
복상 160
부소산성 166
부아악 091
부여 073~082
부여 127, 166
북부여 089
북위 119
북한산 진흥왕 순수비 174
분황사 약사여래입상 190
불교 125, 135~142
불국사 189
불의 사용 013
비류 091
비파형 동검 044
빈공과 186
빗살무늬 토기 029
빙고전 160
뿔괭이 034

ㅅ

4대 고대 문명 042
사리호 131

사로국 079, 093, 095
사비 075
사비성 127, 165
사출도 075
산성하 무덤 107
산신각 139
살수대첩 110, 113
삼국 시대 095, 138, 149~158
삼년산성 175
《삼대목》 193
《삼국사기》 069, 089, 092
《삼국유사》 048, 069
《삼국지》 위서 동이전 073, 134
삼한 073, 079, 082~083
상경 207
상경성 201
상경 용천부 201
상서장 187
상원 검은모루 동굴 017
《서기》 125
서동 130
서산 마애 삼존불 124
서옥 155
석가탑 126
석굴암 189
석기 시대 017, 020, 038

석빙고 160
선덕 여왕 131, 187
선화 공주 130
섭하 063
성골 182, 188
성기 167
성덕 대왕 신종 189
성산가야 098
성산자산 200
성왕 075, 127, 142, 174
세형 동검 044
소가야 098
소도 083
소서노 092
소수림왕 134
소정방 169
《속일본기》 199
손순 192
솟대 082, 083
송화강(쑹화 강) 075, 198
쇠뇌 064
쇼토쿠 태자 141, 145
수렴청정 187
수렵도 087
수산리 고분 벽화 부인도 143
(김)수로 097

수로 부인 193
수막새 184
수산제 081
순도 134
순장 065
숭렬전 092
승리산인 023
신라 080, 093, 165~193
신라 3최 186
신라 왕경도 189
신라 왕의 호칭 095
신분 제도 156
신석기 시대 017, 026~038
신시 049
십제 091
쌍영총 부부도 155

ㅇ

아라가야 098
아비지 126
아사달 049
아사달 126
아스카 문화 141, 144
아좌 태자 145
아직기 142

아차산성 121~122
안동도호부 172
안시성 싸움 110
알타미라 동굴 벽화 021
암사동 선사 주거지 031, 036
양만춘 113
양산촌 094
에밀레종 189
여옥 060
역포아이 023
연가 7년명 금동 여래 입상 135
연개소문 169, 176
연꽃화생 153
연천 전곡리 017
영고 082
예성강 092
오경박사 125, 142
오녀산성 090
오스트랄로피테쿠스 아파렌시스
(루시) 012
요령성(랴오닝 성) 090
옥저 072, 078
온돌 152
온조 091, 120
와박사 125
왕건 186, 204

왕검성 065
《왕오천축국전》 188
왕인 142
왕효렴 206
왜국 141
우거왕 063
우륵 081, 100
우발수 086
운제 172
움집 031, 032, 036
웅진 109, 120
웅진도독부 172
원화 179
원효 186
위례성 091, 120
위만 062, 069
유득공 194
유리 091
유리왕 090, 106, 160
유우소 161
유화 087~088
6가야(여섯 가야) 097~099
6두품 183~186
을지문덕 110
의림지 081
이사금 095

이사부 099
이성산성 121
이차돈 135~138
1책 12법 077
임나일본부 114
임둔 067

ㅈ

자명고 102
장빙고 160
장수왕 106, 109, 119, 121
재갈 080
재매정 161
재증걸루 123
정림사 5층 석탑 138
정착 생활 035
정혜 공주 202
정효 공주 202
제망매가 193
제사장 050, 095
제천 점말 동굴 021
제천 행사 060, 083
조개무지 028
조사공(사공) 125
조불공 125

조선 069
졸본 089
주먹도끼 016
주몽 074, 088, 091, 106
주작대로 207
준왕 063
준정 179
중원 고구려비 110
지증왕 094, 160
직접떼기 039
진골 179, 183~186
(발해) 진국 200
진국 063
진덕 여왕 187
진번 067
진성 여왕 187, 193
진평왕 130, 184, 188
쪽구들 060, 131
찌르개 016
찍개 017

ㅊ

차득공 151
차차웅 095, 140
찬기파랑가 193

한국사 편지
212

참성단 051
채집 019
천경림 137
천문령 200
철기 시대 020, 063, 057, 081
청동 거울 046
청동검 044
청동기 시대 020, 043~047, 052
청동 방울 046
청동 자루솥 120
최치원 186, 199
충장사 165
칠성각 139
침류왕 135

ㅋ

큰쌍코불이 019

ㅌ

탁자식 고인돌 052
태백산 149
태왕릉 108
태종 무열왕 151, 176
태화강 030

토기 028~029
토우 154, 192
토테미즘 050
톰센(Thomsen) 020
톱니날 도끼 047

ㅍ

팔관회 140
평양 056, 074, 109
평양 만달리 017
평양성 110, 169~173
풍납토성 120

ㅎ

하백 087~089
한강 027, 091, 109, 120, 127, 173
한나라 062, 065, 108
《한서》지리지 065
한성 119~121
함화 4년명 비상 204
해동성국 201
해모수 087
향가 193

헌성 171
헌화가 193
현도 067
혜성가 193
혜자 145
혜초 188
호동 왕자 105
호류 사 141, 145
호류 사 5층 목탑 144
호류 사 백제관음 144
화공 125
화덕 자리 032
화랑 179
환웅 047
환인 047
활비비 015
황금 허리띠고리 077
황룡사 139
황룡사 9층탑 126
황룡사 종 189
황산벌 165
황산벌 전투 167, 179
홍수아이 023

사진과 그림 제공, 출처

사진

| 박물관 |

국립경주박물관─[경박200808-097] 이차돈 순교비 137 | 얼굴무늬 수막새 184 | [경박200809-105] 울산 반구대 바위그림 복원 30 | 신라의 집 모양 토기 152 | [경박2008-120] 신라의 시루와 아궁이 모양 토기 151 | 신라의 집 모양 뼈항아리 152 | 연꽃무늬 수막새, 인동보상화무늬 수막새, 불상무늬 수막새, 당초무늬 암막새, 기린무늬 암막새 184 | 성덕 대왕 신종 189 | [경박200902-200] 말 탄 무사 모양 토기 101 | 신라 시대 부부의 토우 154 | 도깨비 얼굴무늬 기와 184 | 등짐 진 사람 토우 192 | 안압지에서 발견된 악기를 연주하는 선녀상 193

국립광주박물관─그물추와 낚싯바늘-그물 복원 27

국립김해박물관─삼각 구멍 무늬 잔 100

국립부여박물관─가락바퀴 28 | 청동검, 청동검 거푸집 44 | 청동 방울과 청동 거울-청동 거울 46 | 옥 목걸이-대롱옥 78 | 서산 마애 삼존불 124 | 무늬 벽돌 125 | 금동 대향로 127

국립전주박물관─청동 거울과 청동 방울을 지닌 지배자 46 | 백제의 금동 신발과 일본의 금동 신발-백제의 금동 신발 142

국립제주박물관─돌화살촉 복원 31

국립중앙박물관─[중박200808-255] 농경무늬 청동기 57 | 청동기 시대의 마을 58 | 민무늬 토기 59 | 새 무늬 청동기 100 | 청동 자루솥 120 | 아차산성에서 발굴된 고구려 토기-암문 토기 122 | 닭머리 모양 주전자 126 | 복원한 무령왕릉 무덤방 128 | 연가 7년명 금동 여래 입상의 앞면과 뒷면 135 | 상경성 회랑의 주춧돌 201 | [중박200808-266] 청동검 44 | [중박200809-337] 반달 돌칼 59 | 삼국 시대 금동 미륵 보살 반가 사유상과 일본 고류 사의 목조 미륵 반가 사유상-삼국 시대 금동 미륵 보살 반가 사유상 141 | [중박200809-372] 그물추와 낚싯바늘 27 | 빗살무늬 토기 29 | 여러 가지 장식품 30 | 여러 가지 간석기 38 | [중박200810-377] 말 탄 무사 108 | [중박200901-10] 청동 방울과 청동 거울-청동 방울 46 | [중박200901-20] 오리 모양 토기 101 | [중박200901-25] 따비, 도끼, 말의 입에 물리는 재갈, 낚싯바늘 80 | 고사리 무늬 철기와 감 세 개가 담긴 제사 그릇 83 | 짚신 모양 토기 101

국립진주박물관─수레바퀴 모양 토기 101

국립청주박물관─긁개 17 | 무구정광대다라니경 191

국립춘천박물관─갈돌과 갈판 37

복천박물관─새 모양 토기 101

부산시립박물관─옥 목걸이-경옥 78

전쟁기념관─안시성 싸움 기록화 113 | 운제 172

계명대학교박물관─철로 만든 갑옷과 투구 99

부산대학교박물관─철로 만든 가야의 말 투구 99

서울대학교박물관─신석기인 집터 32 | 아차산성에서 발굴된 고구려 토기-두 귀 긴 항아리 122 | 고구려 불상 134 | 고구려의 또아리병과 오절관 151 | 동모산(지금의 성산자산성) 200 | 정효 공주 무덤 벽화 203 | 발해의 영광탑, 글자가 새겨진 발해 기와 206

충북대학교박물관─구석기인 복원 모습 23

한양대학교박물관─오스트랄로피테쿠스 아파렌시스(루시) 복원 모형 12 | 돌보습 34

| 언론사 |

연합뉴스―송화강 75 | 대왕암 177

조선일보―산신각 139

| 단체와 개인 |

국립문화재연구소―신석기 시대의 개 뼈 36 | 동명왕릉 74 | 미륵사지 석탑 사리봉안기와 사리호 131

한양대학교문화재연구소―주먹도끼 16 | 찍개 17 | 여러 가지 뗀석기 38

동북아역사재단―오녀산성 84

헌정회―단군왕검 영정 49

강성철―금굴 18 | 암사동 선사주거지의 움집 31 | 강화도 부근리에 있는 고인돌 43 | 여러 가지 고인돌 52 | 제천 의림지 81 | 전라북도 부안 석제 마을의 솟대 82 | 강원도 강문 마을의 솟대 83 | 남한산성의 숭렬전 92 | 경주 나정 터 94 | 구지봉 비석 97 | 고령 지산동 무덤 98 | 중원 고구려비 110 | 풍납토성 120 | 몽촌토성과 몽촌토성 목책―몽촌토성 목책 121 | 부여 궁남지 130 | 정림사 5층 석탑 138 | 미륵사 복원 모형 139 | 황룡사 터 140 | 경주 석빙고 160 | 재매정 161 | 충장사 165 | 부여 부소산성 166 | 낙화암에서 내려다본 백마강 168 | 삼년산성 175 | 경주 상서장 187 | 경주 불국사 190

노정임―암사동 선사 주거지 기념관 36 | 백제 돌무지 무덤 93 | 아차산성 122 | 독무덤 129

송영달―평양성 대동문(엘리자베스 키스 그림 소장) 173

송호정―《삼국유사》에 실린 고조선 69 | 부여의 황금 허리띠고리 77

임기환―국내성 터 90 | 태왕릉 108

최종택―오녀산성 90 | 고구려의 산성하 무덤 107

| 삽화 |

류동필―두 발로 서서 걷기 13 | 구석기 시대 사람들의 생활 14 | 활비비 15 | 구석기 시대 사람들의 사냥과 채집 18 | 가락바퀴 28 | 움집에서 살기 32 | 농사짓기 35 | 뗀석기 만드는 방법, 간석기 만드는 방법 39 | 청동기 만드는 대장간 45 | 탁자식 고인돌 만드는 방법 53 | 공무도하가 61 | 쇠뇌 64 | 왕검성 전투 66 | 고구려를 세운 주몽 89 | 살수대첩 111 | 삼국의 신분 제도 157 | 황산벌 전투 167 | 평양성의 최후 170 | 신라 화랑의 모습 179 | 신라 귀족의 집안 풍경 185

| 지도 |

유상현―우리나라 구석기 유적지 17 | 구석기인 뼈가 발굴된 곳 23 | 우리나라 신석기 유적지 28 | 고조선의 세력 범위 63 | 부여와 여러 나라들 75 | 삼한의 위치 79 | 전성기를 맞은 5세기 고구려 109 | 백제의 전성기와 해외 교류 123 | 전성기의 신라 영토와 진흥왕 순수비 174 | 발해의 5경 198 | 발해의 길 207

* 도서출판 책과함께는 이 책에 실은 모든 도판 자료의 출처와 저작권자를 찾아 허락을 받기 위해 최선을 다했습니다. 허가를 받지 못한 일부 도판은 저작권자가 확인되는 대로 사용 허가를 받고 일반적인 사용료를 지불하겠습니다.

한국사 편지 1

개정판 1쇄 2009년 2월 23일
개정판 67쇄 2013년 1월 25일

글 | 박은봉
그림 | 삽화 류동필, 캐릭터 우지현, 지도 유상현

펴낸이 | 류종필
편집 | 김나영, 이다정
마케팅 | 김연일, 이혜지, 노효선

디자인 | 이석운, 김미연

펴낸곳 | 도서출판 책과함께
주소 | 서울시 마포구 서교동 444-17 5층
전화 | 02-335-1984 팩스 | 02-335-1316
전자우편 | prpub@hanmail.net
블로그 | blog.naver.com/prpub
등록 | 2003년 4월 3일 제25100-2003-392호

- 이 책의 저작권은 지은이 박은봉과 도서출판 책과함께에 있습니다.
  이 책의 내용을 이용하려면 저작권자와 출판사의 동의를 모두 받아야 합니다.
- 잘못된 책은 구입하신 서점에서 바꾸어 드립니다.

이 도서의 국립중앙도서관 출판시도서목록(CIP)은
e-CIP 홈페이지(http://www.ni.go.kr/ecip)에서 이용하실 수 있습니다. (CIP제어번호 : CIP2009000418)

ISBN 978-89-91221-44-4 74900
ISBN 978-89-91221-43-7(세트)

'한국사 편지 1'은 2002년 웅진주니어에서 출간한 '사진과 그림으로 보는 한국사 편지 1'의 개정판입니다.